La mística práctica

OTROS LIBROS POR NEROLI DUFFY

Nacer: Una misión, otra oportunidad

Viaje a través del cáncer:
Guía sobre la integración de las curaciones convencionales,
complementarias y espirituales

Queriendo vivir:
Vencer la seducción del suicidio

LIBROS POR ANNICE BOOTH

El camino a la inmortalidad:
Clases para el alma en el templo etérico de Lúxor

Secretos de prosperidad:
Claves para la abundancia en el siglo XXI

Memorias de Mark:
Mi vida con Mark Prophet

La mística práctica

*Lecciones de la vida
de la Sra. Booth*

Neroli Duffy

Darjeeling Press
Emigrant, Montana

La mística práctica:
Lecciones de la vida de la Sra. Booth
© 2010 de la traducción, Darjeeling Press
Reservados todos los derechos

Título original
The Practical Mystic:
Life-Lessons from Conversations with Mrs. Booth
© 2009 Neroli Duffy

Ninguna parte de este libro puede ser reproducida en forma alguna, incluyendo electrónica, fotográfica o grabación verbal, sin previa autorización escrita del editor.

Para información, por favor contacte a:
Darjeeling Press
PO Box 154, Emigrant, MT 59027, USA
www.darjeelingpress.com

ISBN: 978-0-9824997-2-6 (edición en rústica)
ISBN: 978-0-9824997-3-3 (eBook)

Fotografía de la portada:
Annice Booth en 2003 autografiando
un libro recientemente publicado.

Dedico este libro a Annice Booth y a sus maestros: Morya, Serapis Bey, Mark y Madre. Pongo mi esperanza en que, por la gracia de Dios, estén complacidos con esta ofrenda.

RECONOCIMIENTOS

Muchas gracias a:

Annice, mentora y amiga,
por compartir tus historias conmigo, teniendo
el coraje de permitirme contarlas, y por
leer y editar numerosas veces
este manuscrito.

Linda Worobec y Susan Kulp por sus
valiosas impresiones, críticas y comentarios
a lo largo del camino.

Joyce Canady por corregir y revisar
desinteresadamente el manuscrito final.

Peter, querido compañero de trabajo y esposo,
por todo tu esfuerzo en hacer este libro
lo mejor que pueda ser.

ÍNDICE

Introducción 1

CAPÍTULO 1
El sendero del discipulado 7

CAPÍTULO 2
Instantáneas de la vida de un chela 15

CAPÍTULO 3
Lecciones de discipulado 39

    La primera vez que vi a Mark Prophet 41
    El vestido naranja 46
    Tratando de meditar 52
    Un mensaje del maestro 56
    Los ojos de Morya 59
    El Gran Director Divino y los elementales ... 64
    Una experiencia del Espíritu Santo 67
    El SOS de los maestros ascendidos 70
    «Olas en el mar» 73
    Flotando con meditaciones seráficas 75
    La presencia de Babaji 78
    Imágenes de los maestros 80
    Evitando un terremoto 83
    Transfiriendo glifos 85
    Dama Dorcas 88
    La palabra hablada y la palabra escrita 91
    El llamado obliga a la respuesta 93

Índice

«¡Terminado está!»	97
Un par de damas de compañía	100
Un karma que retorna	102
Uniéndome al personal de los mensajeros	105
Los maestros nos entrenan bien	106
Los maestros utilizan nuestra adaptabilidad	109
Karma con un miembro del personal	113
Dormir pero no soñar	115
¡No confíes en nadie!	117
Las ropas de bebé que encogían	120
Salvada para el Summit	123
La vela encendida	125
Mark actúa como un tonto	127
«No puedo» significa «no lo haré»	130
Mark descubre una vida pasada y no está contento	132
Una comida para dos reinas	134
Ella fue un cardenal	137
Un viejo marinero	139
Ningún mal karma	143
Lazos familiares	144
No personalices tu trabajo	152
Trabajando en *Escala la montaña más alta* con Florence Miller	155
No el Espíritu Santo, sino un viento furioso	159
«Eres un hijo de Dios»	162
El alma siempre sabe	164
El ayuno de arroz	167
La maestría de Mark en meditación	169
Más recuerdosas de Mark	170
Pequeñas declaraciones inesperadas	172
Más lecciones de vidas pasadas	174

Índice

Cuidador para Tatiana	181
Ante el Consejo Kármico	186
La voz de Mark	191
Conociendo a Madre	193
El maratón a Ciclopea	201
Annice y Madre	205
La mensajera ve el cinturón electrónico	207
Madre y Morya entrenan a Annice como escritora	209
La siesta	215
Para el juicio	217
El peso del mundo	219
Un libro para cada conferencia	221
Un centro en París	223
Aceptando la ayuda de otros	228
Entrenando a tu reemplazo	230
Nunca por encima de la ley	232
Renunciando al chocolate	235
Trabajando en la tienda de caramelos	237
Todas mis amigas ascendieron	240

CAPÍTULO 4
Annice, como la he conocido   247

Del Gurú al chela   255

33 claves para la mística práctica   258

LECTURA ADICIONAL   260

NOTAS   261

Introducción

Llegué a conocer a Annice Booth a comienzos de los noventa, cuando trabajé para ella por varios años. Con el tiempo nos hicimos amigas, en lugar de ser sólo empleador y empleada. Nuestras tareas cambiaron a través de los años y nos veíamos menos. Luego, un día, a comienzos de 1999, la llamé y le pregunté si le gustaría ir a almorzar al cercano Parque Yellowstone. En su manera característica, dijo: «¡Estoy disponible!».

Me abrigué contra el frío y conduje para recogerla e ir a nuestra pequeña aventura. En esta ocasión, fuimos al antiguo gran hotel en las Aguas Termales de Mammoth, uno de sus lugares favoritos para almorzar. La vista era hermosa y el aire de montaña vigorizante. Annice siempre se sentía mejor en la mayor altitud del parque: era como si allí realmente podía respirar. También le encantaba ver el bisonte, el venado y el wapití.

Así comenzaron una serie de salidas semanales, yendo a Mammoth o a las Aguas Termales de Chico o Pine Creek, o a veces a lugares lejanos como Livingston, Bozeman y más allá. Por lo general nuestras salidas eran por una hora o dos, a menudo durante el almuerzo. En el invierno generalmente íbamos a Gardiner, el pequeño pueblo en la entrada norte del Parque Yellowstone.

Gardiner puede ser bastante tranquilo en invierno cuando

los turistas se han ido y la mayoría de los restaurantes están cerrados. Pero el Town Café siempre estaba abierto, con sus mesas laminadas, asientos de vinilo, personajes pintorescos, trofeos de alce y wapití en las paredes y buena cocina casera.

A Annice le encantaba la comida y sus amigas disfrutaban sacándola a comer. Era buena compañía, siempre interesante e informativa. Salpicadas aquí y allá había historias de su vida y en particular sus experiencias con Mark y Elizabeth Prophet, maestros espirituales y pioneros del movimiento de la Nueva Era en América. Annice conoció a Mark y Elizabeth en 1966, sólo unos pocos años después de la fundación de su organización, The Summit Lighthouse. Ella se unió al personal en 1969.

Mark y Elizabeth eran mensajeros de los maestros ascendidos, que son los santos y sabios de Oriente y el Occidente, hermanos y hermanas de luz que se han graduado del aula de la Tierra a través de las eras y han regresado a Dios mediante el ritual de la ascensión. Los mensajeros entregaron las enseñanzas de los maestros al mundo en forma de charlas en sus propias palabras y dictados de los mismos maestros.

Los comienzos de la organización fue un período remarcable: un pequeño círculo de estudiantes viviendo en la casa de sus maestros, casi en la tradición de las comunidades espirituales de Oriente. ¿Fue algo así también para los discípulos y las mujeres santas que estuvieron con Jesús en la Tierra Santa? ¿O para los hermanos y hermanas de Francisco y Clara cuando sólo eran un pequeño grupo en Asís?

Annice tenía muchas historias fascinantes para contar sobre sus interacciones con los mensajeros y los maestros. Proporcionaban revelaciones de una vida que pocos son suficientemente afortunados de experimentar. Aclaraban el sendero espiritual y lo que significa ser un místico moderno de hoy.

Después de que Mark Prophet ascendiera en 1973,

Introducción

Elizabeth continuó su trabajo y expandió la organización hasta convertirla en un movimiento mundial con puestos de avanzada en cada continente. Annice fue parte de ese crecimiento y vio y aprendió mucho. Se convirtió en autora y editora, un ministro de la Iglesia Universal y Triunfante, y la directora de dos centros de enseñanza. Después fue colocada a cargo de servir a los miembros de la organización alrededor del mundo.

Durante todo esto, Annice fue una estudiante dedicada de las enseñanzas de los maestros. Mantuvo sus propios archivos y tenía una memoria fenomenal, recordando donde una joya particular de los maestros había sido publicada. Pero más que esto, era una estudiante de los maestros, y también de los mensajeros, quienes eran sus representantes ante el mundo.

Al continuar nuestras salidas, las historias siguieron llegando. Después comencé a escribirlas. Eran tan únicas y preciadas que no quería que se perdieran. Tomaba notas cuando podía para registrar todos los detalles, apurándome para seguir el flujo de sus pensamientos. A menudo se detenía, como si dictara, para permitirme alcanzarla. Me acostumbré a llevar un cuaderno de apuntes conmigo cada vez que me reunía con ella, porque nunca sabía cuándo aparecería una historia.

Pocos años después le dije a Annice que sus historias deberían ser publicadas para que otros también pudieran aprender de ellas. Ella dijo: «Ya he escrito todo lo que me atrevería a escribir en mis tres libros». Se refería a *Memorias de Mark*, *Secretos de prosperidad* y *El camino a la inmortalidad*. Dijo que no podía publicar estas historias o siquiera contarlas a otros, ya que incluían detalles privados de su vida con los mensajeros. Es más, algunas de las experiencias sucedieron con la naturaleza Zen de las tradiciones de Oriente de la relación Gurú-chela. Annice pensó que no serían comprendidas o apreciadas por aquellos que no habían experimentado esto directamente.

Le dije que sentía que estas historias podrían ser comprendidas si fuesen explicadas y puestas en contexto. Las lecciones eran tan valiosas para cualquiera que fuese serio en un sendero espiritual. Si no se escribían, temía que se perdieran, y con ellas algunos ejemplos prácticos maravillosos de la realidad de la relación Gurú-chela con los maestros ascendidos.

Muchas veces le dije a Annice: «Puede que no seas capaz de contar tus historias, pero sé que yo podría». Finalmente cedió, diciendo: «Publícalas cuando me vaya. Escríbelas y cuando me vaya decide cuánto te atreves a poner en un libro». Acepté rápidamente antes de que cambiara de idea, y así comenzó este libro. Más tarde, cuando vio el manuscrito, me instó a publicarlo mientras aún estaba con nosotros.

Las historias que encontrarás aquí ilustran lo que Annice entendía del sendero espiritual y lo que la motivó a persistir en ese sendero todos estos años. Son místicas y, sin embargo, las lecciones que ilustran tienen aplicaciones muy prácticas. Más específicamente, ofrecen ejemplos de un discipulado vivo bajo dos maestros espirituales notables. Para mí, estas historias son más importantes ahora que nunca, cuando Mark ya no está con nosotros físicamente y Elizabeth se ha retirado del servicio externo por razones de salud.

Un día me pregunté a por qué me demoré tanto en comenzar a escribir las historias que Annice me contó. Yo las valoraba y pensé dentro de mí que «alguien» debería escribirlas algún día. Annice siempre estaba concentrada en sus proyectos del momento (una lección de discipulado en sí) y tenía un tipo de cualidad atemporal que hacía difícil imaginar cuando ella ya no estuviese aquí con nosotros. Pero hacia el 2002 Annice tenía ochenta y dos años y nadie había tomado aún aquella antorcha. Finalmente decidí que probablemente

Introducción

debería hacerlo yo.

Quizás estaba siendo inspirada por alguien de allá arriba que lo quería hecho. No estaría sorprendida si fuese Lanello (el nombre por el que conocemos a Mark Prophet ahora que es un maestro ascendido). Ella lo conoció durante seis años antes que ascendiera y parece que tiene un interés especial en ella hasta el día de hoy, asegurándose de que sus necesidades están satisfechas. Muchos de los amigos de Annice recuerdan sentir una inspiración interna de llamarla y luego descubrir que ella necesitaba que algo se hiciera. Para mí no era raro llamarla y preguntarle si quería ir a almorzar, sólo para escucharla decir: «Qué bien, le dije a Lanello que necesitaba salir».

Estoy contenta de haber escrito las historias cuando lo hice, ya que en febrero de 2007 Annice sufrió un ataque. Aunque siguió siendo la misma persona de siempre, el ataque limitó severamente su capacidad de hablar y escribir. Para alguien cuya vida entera había sido hablar y escribir, fue un acto de humildad tener que volver a empezar todo otra vez, aprender a hablar con palabras que tuvieran sentido y aprender a escribir de nuevo, comenzando por firmar su nombre.

Aún así Annice podía hacerse entender. Incluso mantuvo su sentido del humor bajo circunstancias que hubieran sido muy frustrantes para la mayoría de la gente. Ella sabía exactamente lo que quería decir, hiciera lo que hiciera, las palabras a menudo salían todas mezcladas. Sus amigas admiraban su buen humor, fortaleza y determinación total. A menudo teníamos que hacerle veinte preguntas para darnos cuenta exactamente de lo que quería decir. Comentó que aún si ella y yo quisiéramos escribir sus historias, ahora simplemente ya no era capaz de hacerlo.

Estoy entregando estas historias tal como me las contó y tal como las he reconstruido de mis notas. También he añadido comentarios dando mi comprensión de las lecciones de discipulado que ellas transmiten. Están en un orden cronológico aproximado, pero la secuencia no es del todo importante. Originalmente vinieron como el Espíritu Santo la inspiraba a revelarlas, cada una, una pequeña lección importante de la relación Gurú-chela, y se destacan separadamente como ilustraciones individuales del sendero.

Annice ha sido una chela de los maestros y de los mensajeros por más de cuarenta años. Ha visto períodos cuando algunos parecían olvidar lo que es el discipulado y otros daban la impresión de estar fallando las pruebas y quedándose por el camino. Aquellos que siguen sus pasos pueden no tener la bendición de la relación individual con los mensajeros que ella fue afortunada de experimentar externamente, pero esta relación es aún posible internamente. Aquellos que quieren tomar este sendero tienen una abundancia de conocimiento en las enseñanzas de los mensajeros y de los maestros. También tienen el ejemplo de Annice y de muchos otros que han tenido éxito en el sendero. Todo esto puede proporcionar guías para una relación muy rica con el Gurú a niveles internos.

Desde el principio del proceso de elaboración de este libro supe que no sería una descripción completa de la vida de Annice. Eso tomaría todo un libro. Aunque he incluido detalles biográficos y fotografías, el foco principal es la historia de una relación única y a menudo mal entendida: aquella entre maestro y discípulo, entre estudiante y profesor.

Es mi anhelo que estas pocas revelaciones de mis conversaciones con la señora Booth sirvan de aliento e inspiración para que otros sigan el sendero del discipulado bajo los maestros ascendidos, con todos sus desafíos y alegrías.

Neroli Duffy

CAPÍTULO 1

El sendero del discipulado

En la tradición de Oriente, un estudiante que desea seguir el sendero espiritual busca un maestro, un Gurú, quien pueda enseñar los misterios sagrados e impartir al chela las iniciaciones que lo conducirán a la iluminación. El Maestro Ascendido El Morya define discipulado en su clásico libro sobre este tema, *El discípulo y el sendero*:

> En la tradición de discipulado de Oriente, reconocida por miles de años como el sendero de la auto maestría e iluminación, quien desea que se le impartan los misterios de la ley universal solicita al Maestro, conocido como el Gurú, considerado como un Maestro (a través de las eras los verdaderos gurús han incluido a ambos Maestros Ascendidos y Maestros no ascendidos) poder servir a ese Maestro hasta ser considerado merecedor de recibir las llaves de su propia realidad interna...
>
> El chela recibe incrementos del logro del Maestro, de la realización propia del Maestro de su Yo Real a

cambio de obediencia iluminada y amor abnegado. A través de la aceptación de la palabra del Maestro como inviolable, el chela se ha impartido la conciencia Crística de su Maestro, la cual, a cambio, es el medio por el cual los elementos básicos del subconsciente y los momentums de su karma no transmutado se derriten por el calor ferviente del fuego sagrado que comprende la conciencia del Maestro.

Así, al dejar de lado libremente y por voluntad propia los momentums de su conciencia humana, el chela descubre que estos son prontamente sustituidos por la maestría de su Maestro, la cual, cuando la hace suya, sirve como el imán para magnetizar su propia conciencia superior y logros.

El discipulado ha sido descrito como una relación interna única entre el maestro y el estudiante. La meta del chela es la reunión con el Yo Superior en el ritual conocido como la ascensión. Es una relación de libre albedrío, algo así como un contrato matrimonial, en donde los dos están unidos y el maestro trabaja para moldear al estudiante a imagen y semejanza de su Yo Crístico. Los medios son cualquier modo o método que el maestro pueda utilizar para llevar al chela a donde él o ella tenga que ir para circundar la condición humana y abrazar lo divino.

La relación entre Gurú y chela, o Maestro y discípulo en la terminología de Oriente, siempre ha sido central en el sendero espiritual. En Oriente la gente tiende a pensar en el Gurú como alguien necesariamente en el plano físico, y aquellos que estén seriamente en el sendero espiritual buscarán seriamente aquel que pueda abrir la puerta para ellos.

En Occidente la relación Gurú-chela no es vista tan

frecuentemente en lo físico; aun así hay algunos ejemplos notables, el más famoso quizás, el caso de Jesús y sus discípulos. En los fragmentos de esta relación encontrados en la Biblia, Jesús aparece mucho más en la modalidad de Gurú. Él transmite a los discípulos las claves para una conciencia más elevada; él establece las reglas para su discipulado; él les reprocha cuando es necesario.

Y por supuesto, sus relaciones con Él no se acaban cuando deja la escena en Palestina. Él continúa enseñándoles, guiándolos, iniciándolos.

Muchos cristianos hoy en día comprenden que Jesús es su Señor y Salvador. Pueden no sentirse cómodos pensando en Él como Gurú, pero Él es su Señor, su Maestro. Pueden no verse como chelas, pero están tratando de serlo, o son discípulos y tienen una relación vivía con el Maestro Jesús, ahora ascendido. He conocido a personas que tienen esta unión muy real con Jesús. Al caminar por el sendero espiritual, son conscientes de su guía y dirección. Ésta es una relación mística y a la vez muy real que todos podemos aspirar a tener con Jesús o con otro maestro ascendido.

El entrenamiento en el sendero del discipulado, ya sea interno o externo, es individual para cada estudiante, aunque ciertos elementos son siempre los mismos. Es como una capacitación en el trabajo. El maestro utilizará las lecciones que las circunstancias y el karma de uno presenten en cualquier momento en la ruta de la vida. El entrenamiento puede ser riguroso cuando el maestro trata de luchar con la creación humana del estudiante. Se espera que el estudiante se observe a sí mismo y que cambie su comportamiento cuando no es aceptable o del agrado del maestro. Es un sendero práctico, diseñado para conducir al estudiante a la meta de la ascensión.

La relación Gurú-chela es, sobre todo, una relación de amor profundo e intenso. El amor del Gurú y del chela sobrepasa cualquier relación de amor conocida en este planeta, incluso la de esposo y esposa. Ya que, en verdad, la forma más elevada de relación entre esposo y esposa es también una relación gurú-chela donde cada uno está sujeto al Yo Crístico del otro.

El aceptar a un chela no es hecho ligeramente por el maestro ya que, al hacerlo, el maestro literalmente toma el karma del chela y carga una porción de éste él mismo. A cambio, el chela promete servir al maestro y su misión en el mundo, parte de lo cual es con frecuencia llegar a aquellos que también están unidos al maestro a niveles internos, pero aún no lo saben en lo externo.

Este libro busca describir aquello que de alguna forma es indescriptible. Trata de dar luz en aspectos de la relación Gurú-chela a través de los ojos de alguien que lo vivió y fue testigo desde el comienzo, no un chela perfecto (ya que no hay tal cosa), pero uno que ha perdurado en el sendero hasta el final.

Los maestros ascendidos han dicho que aquellos que fueron entrenados por los mensajeros también deberían pasar su entrenamiento a otros. Annice lamentaba que en los últimos años esta forma de entrenamiento no era a menudo bien recibida o aceptada. Una razón de esto puede ser la falta de comprensión de los maestros y sus métodos, que a menudo son contrarios a la intuición de la mente humana porque están diseñados para burlar esa mente así como al yo irreal.

Quizás este libro de alguna manera ayudará a cumplir este pedido de los maestros. Aquellos de nosotros que conocimos a Annice hemos aprendido mucho de las historias que ella contó de su vida con los mensajeros y las joyas de verdad que contienen. Estas historias ofrecen un vistazo en las vidas de los mensajeros, dos almas especiales que unieron las octavas del cielo y la tierra. Y lo más importante, dan una percepción única sobre la relación entre el Gurú y el chela y los métodos tradicionales con que los maestros han entrenado a sus estudiantes a través de las eras. Ya que los mensajeros tienen el cargo de Gurú, aun cuando son los representantes de los maestros ascendidos, quienes son los verdaderos Gurús de esta era.

Annice sirve en el cuarto rayo, el rayo de la pureza y la disciplina, cualidades que fueron muy evidentes en su vida. Su Gurú es Serapis Bey, el chohán del cuarto rayo. De acuerdo con la Ley Cósmica, sólo puedes tener un Gurú a la vez. Pero el Gurú puede enviar a un chela a otro maestro ascendido por un tiempo.

Por ejemplo, muchos de los maestros envían a aquellos que acuden a ellos como chelas potenciales a El Morya, ya que él tiene una gran habilidad en el entrenamiento de estudiantes nuevos. Así, en algunos de los episodios que Annice cuenta, El Morya aparece como el Gurú. Él es el fundador de The Summit Lighthouse y el Gurú de los mensajeros, muy involucrado en las actividades del día a día de la organización.

Los maestros también dan sus iniciaciones y entrenamiento a través de los mensajeros como sus representantes en el plano físico. Así, Annice también recibió su entrenamiento de discipulado de Mark Prophet y de Elizabeth, a quien conocemos como Madre.

Hay un gran vínculo entre Mark, Madre y Annice, uno que perdura más allá del tiempo y el espacio. Annice prometió a Mark que ella permanecería fiel a Madre y continuaría con ella mientras estuviera encarnada. Algunos de nosotros sospechamos que esta es una de las razones por la que Annice ha permanecido encarnada por tantos años y por qué aún está con nosotros.

Los maestros ascendidos y los mensajeros están muy presentes espiritualmente en este momento y la relación Gurú-chela es tan real y vital hoy como siempre lo fue. Para aquellos que desean proseguir esta relación, las historias de Annice proveen algunas lecciones únicas.

Comencemos con un breve vistazo a su vida.

Morya

Mark Madre

Sra. Booth

CAPÍTULO 2

Instantáneas de la vida de un chela

Annice Elma Moore nació el 28 de mayo de 1920. A Annice nunca le gustó el nombre Elma, pero Mark le dijo que no puede estar más cerca de El Morya que El Ma Moore. Le explicó que *El Ma* significa «madre de Dios», y que Moore era el nombre de una de las encarnaciones de Morya.

Annice describe su niñez como feliz. Tenía dos hermanas, una que murió a una edad temprana debido a una disposición genética a enfermarse del corazón. Annice heredó la misma condición pero rompió ese molde de una forma espectacular.

Asistió a la Universidad de Berkeley, en California, y estudió latín y francés. Quería ser maestra, pero no acabó de graduarse. También fue una estudiante seria de la Biblia y podía repetir las escrituras, libro, capítulo y versículo.

Annice se casó con Lester Booth el 30 de mayo de 1940, dos días después de su vigésimo cumpleaños. Su padre perdió su trabajo tres semanas antes de la boda y no tenía ahorros. Era un comprador de carne para la cadena de tiendas Andrew Williams. Él llamó a un experto en rendimiento, quien

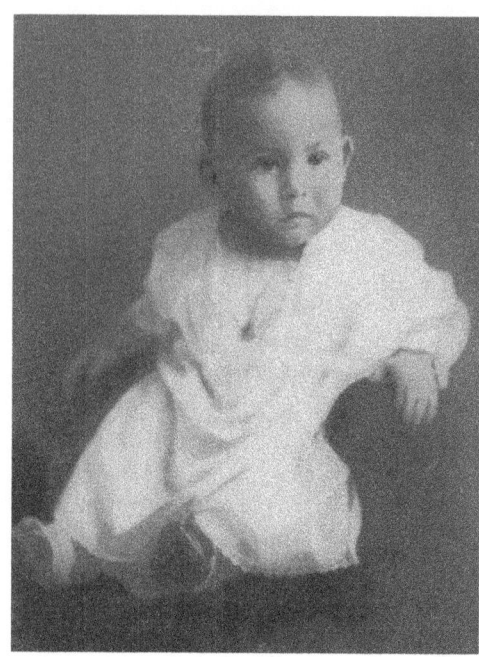

Annice a los nueve meses de edad. Cuando Madre vio esta fotografía de Annice dijo: «¡Es un alma seria!». A Annice se la conocía por seria y disciplinada. Cada uno de nosotros nació para servir en uno de los siete rayos del arco iris de Dios. Annice sirvió en el rayo blanco de la pureza, disciplina y amor de Dios. Esa disciplina se refleja en esta fotografía.

Annice en 1938, estudiante de dieciocho años del segundo año de secundaria. Esta fue su fotografía de compromiso.

rápidamente decidió que ellos podían funcionar sin el padre de Annice. Annice dijo: «¡Su propia eficiencia eliminó su trabajo!».

La gran boda que ella había planeado en una gran iglesia de Hayward (California) se redujo a una celebración más íntima en la casa. Annice, como siempre, era adaptable. Movieron el órgano a la sala y la novia caminó por el pasillo desde la cocina. El número de invitados se redujo a cerca de treinta.

Lester poseía un estudio de fotografía en Hayward. Después casarse Annice fue a trabajar al estudio. En este momento ella se convirtió en la «Sra. Booth». Fue un nombre que quedaría para toda la vida.

El hijo de Annice, Lawrence William Booth (pequeño Larry), llegó el 28 de abril de 1943. Larry fue el único hijo de Annice y ella considera que fue afortunada al tenerlo. Sus doctores le habían dicho anteriormente que debido a sus problemas de salud, incluyendo la enfermedad de la tiroides y miastenia gravis, ella nunca podría tener niños. Pero Annice no se dio por vencida. Ella deseaba tanto tener un niño.

Madre le dijo una vez a Annice que había examinado los registros kármicos y no había indicación de que Annice y Larry tuvieran ninguna conexión, buena o mala. No había ningún karma entre ellos. Esto es muy inusitado, ya que muchas familias se reúnen por lazos de vidas pasadas. A menudo están resolviendo su karma negativo pasado juntos; a veces momentos positivos del pasado son una base para el servicio juntos en esta vida. Pero Annice y Larry nunca habían estado juntos en ninguna vida pasada y no había razón terrenal para que fuera su madre. Annice dice que ella básicamente acosó a Dios hasta que Él le dio este niñito. El Consejo Kármico, los supervisores espirituales que supervisan estas cosas, finalmente dijeron: «Está bien. Démosle un niño».

Annice el día de su boda. Annice dijo de esta fotografía: «Qué representación de la inocencia, si alguna vez la viste». Su pureza ciertamente es aparente. Esta fotografía fue tomada en la casa de su familia, donde la boda se llevó a cabo.

Annice tomo esta fotografía de su hijo: «Pequeño Larry», mientras su esposo, Lester, estaba lejos en Guam durante la Segunda Guerra Mundial. Lester era el fotógrafo de la familia y ella estaba orgullosa de poder estar detrás de la cámara por una vez. Nunca antes había tomado una fotografía, ni tampoco había imprimido ninguna, pero organizó todo el asunto ella misma y reveló la película en el closet. Estaba muy contenta consigo misma. Incluso Lester admitió que Annice «hizo un buen trabajo».

Annice y su hijo, Larry. No estaba en el plan divino de Annice tener hijos en esta vida, pero como la mujer en la parábola del juez injusto de Jesús, Annice rezó tan insistentemente para tener un hijo que el Consejo Kármico finalmente le concedió su pedido.

Durante la Segunda Guerra Mundial Annice fue a San Diego a decir adiós a Lester cuando fue enviado a Guam.

Además de criar a su hijo, Annice y Lester gestionaron un estudio de fotografía desde 1958 a 1969. Annice tuvo éxito en los negocios. Nunca le faltó abundancia. Más tarde en la vida, ella comentaría cómo parecía que el dinero crecía en su cuenta del banco. Ella lo ponía a buen uso. Nunca extravagante, siempre tuvo todo lo que necesitaba, un alma que se describe como sencilla, que podía ser feliz casi en cualquier parte. Cuando escribió su libro *Secretos de prosperidad*, años más tarde, ella delineó las claves de su éxito en la vida y contó algunas de estas lecciones que había aprendido en sus años de negocios. Fue una aplicación muy práctica de los trece pasos para la prosperidad enseñados por Mark Prophet.

Annice tiene algo así como una naturaleza búdica escondida dentro de un exterior aparentemente ordinario. Es flexible y se mueve con el Espíritu Santo. Si algo cambia, ella sólo dice: «Así son las cosas», y continúa. Ella necesitaría esa flexibilidad muy pronto. Su vida cambió dramáticamente cuando encontró las enseñanzas de los maestros ascendidos y a los mensajeros Mark L. Prophet y Elizabeth Clare Prophet.

En octubre de 1966 su hermana le mostró un folleto de The Summit Lighthouse que decía: «Jesús te invita a almorzar con Él en el jardín». Ella sintió el llamado del maestro y asistió a la Clase de la Cosecha en Colorado Springs. Desde el momento en que conoció a Mark y Elizabeth, sintió que estaba en casa, y se convirtió en un miembro activo de la organización. Asistió regularmente a conferencias y seminarios, y acompañó a los mensajeros en su Gira por Europa en agosto y septiembre de 1968.

Mark Prophet invitó a Annice a que se uniera al equipo de The Summit Lighthouse en 1969. Ella quiso aceptar la oferta de Mark pero la rechazó inicialmente porque estaba muy ocupada con el estudio fotográfico. Pero después, a la edad de cuarenta y nueve años, cerró su negocio y se unió al personal. Lester se unió al equipo un poco más tarde.

Annice sirvió en muchas actividades diferentes durante sus años en el personal de los mensajeros. El mes en que ella se incorporó, la organización adquirió una propiedad en Santa Bárbara que sería conocida como la Casa Madre de la Fraternidad de los Guardianes de la Llama. El primer trabajo de Annice fue supervisar al personal que emprendió la inmensa tarea de pintar y remodelar la propiedad para convertirla en una bella casa para los maestros. La Casa Madre abrió formalmente sus puertas en Pascua de 1970, y Annice fue puesta a cargo de esta nueva dependencia de la organización en California. Ella compraba la comida, cocinaba, limpiaba, supervisaba al personal, dirigía servicios y hacía cualquier cosa que fuese necesario.

Esta buena voluntad de servir en cualquier capacidad y satisfacer la necesidad del momento es una de las características de Annice, y realizó diferentes tareas en los primeros años. Contestaba a los teléfonos, manejaba la correspondencia, enviaba las *Perlas de Sabiduría* por correo, enseñaba en la Universidad de los Maestros Ascendidos y fue incluso la directora de Montessori Internacional en una ocasión. Por un tiempo se movilizó entre Santa Bárbara y Colorado Springs, siguiendo a cargo de la Casa Madre mientras ayudaba a Mark y Madre a completar su publicación especial *Escala la montaña más alta*.

Viajó mucho con Mark y Elizabeth, acompañando a los mensajeros y a su personal en diferentes giras alrededor del mundo, incluyendo la Peregrinación a la India en abril de 1970 (justo después de la apertura de la Casa Madre), la Gira a Tierra Santa en septiembre y octubre de 1972, y Misión Sudamérica en diciembre de 1973.

Annice en 1947, a los veintisiete años. En esta fotografía veo una cualidad dulce y sencilla, y una espiritualidad reposada.

Annice con mamá, papá, abuela y tío Charlie, quien planeó vivir hasta los cien años. Tenía noventa y siete en esta foto. Cuando llegó a los noventa y ocho dijo: «Simplemente, no vale la pena», y murió poco después.

La tarjeta de Navidad de 1967 de Les Booth Photography Studios. Lester, Annice y Larry y el negocio familiar.

Annice Booth, la exitosa mujer de negocios. Esta fotografía fue tomada para una aparición como oradora invitada a una conferencia de Los Fotógrafos Profesionales de America.

Madre frecuentemente le decía a Annice que ella era parte de la familia, aunque para Annice estaba bien claro quién era el Gurú. Compartió muchos momentos íntimos con los mensajeros, incluso ayudando a Madre a criar a su niño más pequeño.

En febrero de 1973, Mark Prophet hizo su transición, convirtiéndose en el Maestro Ascendido Lanello. La partida de Mark fue una gran pérdida para Madre y el personal. Ya no tenían su presencia personal con ellos. Annice no fue excepción a este sentimiento de pérdida, y sintió la ausencia de Mark de manera profunda. La vida en el personal fue una experiencia íntima, casi de familia para todos ellos. Pero motivada por el ejemplo de Madre, el personal se unió para continuar con la misión que el amado Mark había comenzado, traer las enseñanzas de los maestros ascendidos al mundo.

Annice fue ordenada como Ministro en The Summit Lighthouse el 4 de julio de 1974, en una conferencia celebrada en Spokane (Washington). Muchos se han beneficiado de su consejo espiritual práctico desde ese momento. Ella era alguien a quien podías acudir para obtener una perspectiva sensata.

Bajo la dirección de la mensajera, prestó servicio a un movimiento mundial desde 1978 a 1982 como cabeza de la Oficina del Coordinador Nacional, más tarde rebautizada como la Oficina de Ministerio. Para entonces estaba divorciada de Lester y el trabajo la llevó alrededor del mundo, dando charlas, consejería, dirigiendo y visitando a los grupos de estudio y centros de enseñanza en cada continente. Consideraba que era el momento de saldar karma del mundo.

Annice fue un miembro de la facultad de Summit University por más de veinte años. Enseñaba un curso sobre las leyes de la vida abundante los miércoles, el día del quinto rayo, vistiendo una larga túnica verde, el color de la abundancia y la sanación. Leía sus charlas en tarjetas escritas a mano con citas escogidas cuidadosamente, enseñanzas y afirmaciones de los mensajeros y los maestros. Su curso sobre la ascensión seguía el mismo formato y fue popular para generaciones de estudiantes.

Su clase sobre la ascensión, «El Sendero a la Ascensión», era siempre los viernes, el día de la ampliación del cuarto rayo, el rayo de la llama de la ascensión. Llegaba a las ocho y media la mañana vistiendo su túnica blanca. Annice comenzaba puntualmente y terminaba exactamente a tiempo. Los estudiantes tardíos pronto se enteraban de la disciplina y la atención al detalle del cuarto rayo con una demostración práctica. Ella decía: «¿Joven, tiene un reloj? ¡Los venden en la librería!». Pocos estudiantes llegaban tarde dos veces.

En abril de 1980 Annice viajó con Madre y otros miembros del equipo a la India para establecer el Ashram de la Madre del Mundo en Nueva Delhi. En mayo viajó como directora de la escuela con Madre y estudiantes de Montessori International a Washington D.C., Inglaterra, Escocia e Irlanda.

Annice fue directora de dos centros de enseñanza en las Ciudades Gemelas de Minneapolis y Saint Paul, de 1982 a 1989. Un miembro del personal que sirvió allí la describe como una «amiga muy querida quien defiende tu alma para apoyarte». Annice era en verdad una amiga de tu alma, pero no de tu creación humana, con la cual ella podía ser severa. Tocó muchas vidas a través de sus largos años de servicio.

Fue en Minneapolis donde Annice fue forzada súbitamente a retirarse de su horario ocupado de servicio por un tiempo. En octubre de 1988 sufrió un serio ataque al corazón. Luego, cuando se recuperaba en el hospital, tuvo un paro cardíaco. Durante doce minutos el personal del hospital trabajó para revivirla mientras el Maestro Ascendido Lanello y su alma

Annice en 1970, la fotografía de su pasaporte para la Peregrinación a India.

Annice en su escritorio en el campus de Pasadena, el cual fue la sede de la organización de 1976 a 1978. No sabemos la fecha, pero sabemos que fue un martes porque su vestido es azul, el color del rayo de ese día.

La Peregrinación a India, abril de 1970. Annice se está preparando para dar *prasada*, una ofrenda sagrada, en un santuario.

Montando en camello en Egipto, en la Gira a Tierra Santa, septiembre de 1972.

gemela, Madre, discutían sobre el destino de Annice a niveles internos.

Lanello la quería en el cielo; Madre quería que se quedara en la Tierra. Al describir este evento más tarde, Madre dijo que hay tantos santos en el cielo, que no podía entender por qué Dios necesitaría otro allá cuando hay tanto por hacer aquí abajo.

Al final Madre ganó. Annice fue resucitada y regresó a la tierra de los vivos. Los cirujanos abrieron su pecho para realizar varios injertos de bypass. Cuando se estaba recuperando de la cirugía, estuvieron sorprendidos al encontrar que no tenía dolor post operatorio.

Después de que Annice regresara, la gente le preguntaba qué recordaba del tiempo que estuvo al «otro lado». Ella dijo que recordaba mirar al reloj en la pared de su cuarto. La próxima cosa que recordó fue mirar al reloj otra vez y eran doce minutos más tarde. Su cuarto estaba lleno de gente y su pecho le dolía. (Habían estado presionándolo, practicando reanimación cardiopulmonar para revivirla.) No recordaba nada de lo que había pasado durante su experiencia cercana a la muerte: ningún túnel de luz, ningún encuentro con maestros o seres de luz. Ella dijo: «No creo que haya ninguna esperanza para mí. No recuerdo nada».

Se nos dijo en ese momento que parte de la razón del ataque al corazón de Annice fue el peso de condenación sobre ella. Muchas personas estaban furiosas con ella por el enfoque disciplinario que utilizaba al gestionar el centro de enseñanza en las Ciudades Gemelas. Pero también comprendimos que a Annice se le había dado una dispensación para extender su vida. Todo lo que ella sabía era que Dios la había mandado de regreso a la Tierra y por lo tanto ella debe tener más trabajo por hacer.

El 15 de marzo de 1989, a pedido de Madre, Annice dejó el puesto de directora del Centro de Enseñanza de Minneapolis

Annice en casa de regreso del hospital en noviembre de 1988, después de su ataque al corazón y doce minutos en el «otro lado». Se está recuperando en su «mansión junto al lago», el centro de enseñanza del lago Harriet en Minneapolis, conocido como la Casa Minnehaha.

En 1989, después de recuperarse de su ataque al corazón. Observa el pastel con fresas frente a ella (el postre favorito de Annice) y el mapa del mundo detrás de ella. Estaba a punto de comenzar una nueva etapa en su servicio en el mundo.

y vino a servir al Rancho Royal Teton en el suroeste de Montana, la sede internacional de The Summit Lighthouse y la Iglesia Universal y Triunfante. Esta comunidad espiritual, conocida como el Retiro Interno, se convirtió en su hogar. Comenzó a trabajar en el equipo de redacción y publicación de Madre, una vez más.

Para octubre de 1990 Annice estaba trabajando tan arduamente como siempre. Llegó a ser la directora de la Oficina de Ministerio y pronto tomó responsabilidades adicionales para la coordinación de la expansión, Summit University y los equipos de traducciones y recaudación de fondos de rápida expansión. En realidad Annice servía al mundo y la mensajera consideraba que ella era «madre de los centros de enseñanza y grupos de estudio». Era una prolífica escritora de cartas, y en un momento u otro visitó casi todos los centros más grandes.

Era una excelente administradora y delegadora. No hacía nada ella misma si podía delegarlo a alguien y este es un secreto de su éxito. Se necesitaron tres personas para reemplazarla cuando se retiró. Por su constancia y apoyo fiel a la misión de los mensajeros, año tras año, Annice demostró las cualidades de perseverancia y resistencia. Saint Germain nos dijo una vez que la cualidad que él quería de sus chelas es la resistencia.[1] Madre nos dijo que hace falta un profundo amor para resistir en el sendero, y Annice ciertamente resistió.

En un dictado del 28 de mayo de 1993, el Maha Chohán, el maestro ascendido representante del Espíritu Santo, dijo a Annice: «El Consejo de Darjeeling saluda a su compañera de trabajo, la Rev. Annice Booth, y le desea un feliz cumpleaños». Este fue un honor muy poco frecuente ya que los maestros ascendidos rara vez se refieren a algún estudiante por nombre en un dictado. Este saludo muestra la estima que la Hermandad tenía a Annice. A menudo Madre le decía a

En la ocasión del cumpleaños setenta y tres de Annice, la mensajera le dio una fotografía encuadrada del Maha Chohán, quizás en conmemoración del dictado del Maha Chohán donde él le felicitó el cumpleaños.

Annice en su septuagésima séptima fiesta de cumpleaños, con algunas de sus «damas de compañía».

Annice que estaba más cerca del cielo que de la tierra.

Por cinco años Annice aguantó el peso del mundo en sus hombros al ser responsable de supervisar tantos aspectos de la organización mundial. Pero con el tiempo, esto tuvo su efecto en su salud. En 1995 tenía setenta y cinco años y ya había tenido doble neumonía e insuficiencia cardíaca congestiva. Morya le dijo a través de Madre que no podía firmar una carta más o documento o pedazo de papel, que no quería ese peso en su corazón. Le dijo que debería retirarse de todas las responsabilidades en los departamentos donde trabajaba. (Sin embargo, continúo sirviendo como miembro de la Junta Directiva de la Iglesia Universal y Triunfante, una posición que había ocupado desde el 28 de enero de 1991 hasta el 30 de abril de 1998.)

Con su nueva libertad, la salud de Annice pronto se recuperó. ¡Pero luego se aburrió! Annice está más contenta cuando está trabajando, haciendo algo positivo por el mundo y los maestros. Años atrás había dedicado lo que quedaba de su vida, «todo el tiempo que Dios me quiera en encarnación», para expandir las enseñanzas de los maestros ascendidos a los portadores de luz del mundo. Ella no iba a permitir que la jubilación se interpusiera en el camino de su misión, así que se estableció para escribir su primer libro, *El camino a la inmortalidad.*

Annice relata que en un momento parecía como que el libro simplemente no estaba tomando forma. Ella hizo los llamados para ir al retiro de El Morya en Darjeeling esa noche. La mañana siguiente se despertó con la primera oración para el libro corriendo a través de su mente. Se levantó rápidamente y lo escribió antes de olvidarlo, y muy pronto había escrito todo el primer capítulo, sentada allí en su camisón de dormir.

Estuvo inspirada a volver a escribir los capítulos como si

fueran lecciones en el retiro etérico de Serapis Bey, el Templo de la Ascensión en Lúxor. La historia simplemente fluía y ella estaba encaminada. Después de la publicación de este libro, el Maestro Ascendido Djwal Kul comentó sobre éste: «Ahora tenéis el libro que fue escrito por vuestra profesora Annice Booth. Y así tenéis algo que es magnánimo, hasta cierto punto, para llevarlo al mundo y a mundos lejanos. Pensad en la gloria maravillosa de dar a cada uno que conozcáis un entendimiento de karma y reencarnación. ¿No es esto una alegría de alegrías?».[2]

Annice comenzó a trabajar en dos libros más de sus propios escritos, *Secretos de prosperidad* y *Memorias de Mark*. Se sintió impulsada a escribir cada uno de ellos y muchos sintieron que fue inspirada por los maestros ascendidos mientras lo hacía. Expresan la inconfundible llama de la Hermandad y son una lectura agradable.

Habiendo completado sus tres libros, en 1999 Annice volvió su atención a algunos proyectos de publicación de Madre. El primero de estos fue la serie *Escala la montaña más alta*. Annice había trabajado con Mark y Madre en este proyecto desde 1970 hasta 1972 (cuando el primer libro de la serie fue publicado, conteniendo los siete primeros capítulos) y también en los últimos años de los setenta y en los primeros años de los ochenta cuando Madre había trabajado en capítulos adicionales. Madre se retiró en 1999 y desde ese año hasta 2008 Annice completó los ocho últimos volúmenes restantes en la serie así como dos volúmenes de material adicional, *Los maestros y sus retiros* y *Predice tu futuro,* el cual contiene la enseñanza para representar gráficamente tus iniciaciones en la vida a través de la ciencia del reloj cósmico.

Madre había hablado con frecuencia de la importancia de las enseñanzas en la serie de *Escala la montaña más alta*. Los Maestros se han referido a ella como las escrituras de la era de

Annice con Madre en la celebración del octogésimo cumpleaños de Annice, la última fotografía del chela con su Gurú.

En el Centro de Enseñanza de Minneapolis en 2000. Incluso después de mudarse a Montana, Annice regresó frecuentemente a las Ciudades Gemelas para dar una charla, para consejería y para encontrarse con los miembros del centro.

Acuario, el Evangelio Eterno mencionado en Apocalipsis 14. Al trabajar completando este elemento clave de la misión de los mensajeros, Annice sintió que esa fue una de las razones por la cual ella fue devuelta a encarnar después de su ataque al corazón.

El retiro de Annice fue difícilmente el de una dama de ocio. Aun así, fue un gran ejemplo de equilibrio en la vida. Era bien conocida por sus siestas en la tarde. Cuando ella y su cuerpo trabajaban lo suficiente, muchas reuniones acababan con las palabras, «hora de la siesta». Ella sabía cuándo su cuerpo necesitaba descanso y todos nosotros sabíamos no molestarla entre la 1:30 y las 4:00 de la tarde salvo emergencia. A menudo dormía, pero a veces sólo yacía en su cama y reposaba. Su cuerpo necesitaba el descanso.

Annice hizo todo su trabajo sin una computadora o acceso al correo electrónico. Tratamos en vano de interesarla en las maravillas de la tecnología, pero ella rehusó firmemente obtener una computadora o aprender a utilizarla. Apreciaba todo lo que el Internet y la tecnología moderna podían hacer para la expansión de las enseñanzas y nos motivaba con entusiasmo a que siguiéramos esta vía de contacto con el mundo, pero sabía que no era para ella.

Amigos y compañeros de trabajo imprimían mensajes electrónicos importantes para mantener a Annice al tanto, pero no creo que jamás confiara totalmente en las computadoras. Sentía que había algo en su aura que no era compatible con ellas: simplemente no funcionaban para ella. ¿Y quién sabe? Puede haber estado en lo correcto. Así que hasta el final de su vida hábil, Annice utilizó los métodos manuales confiables con los que estaba familiarizada, mientras que sus asistentes utilizaban computadoras para llevar los frutos de su labor al resto del mundo.

Madre le había dicho a Annice después de su ataque al corazón en 1988 que para entonces había saldado sólo el 43 por ciento de su karma. Esto fue un poco chocante para Annice. Si hubiera fallecido en ese momento, dado que no había saldado el cincuenta y uno por ciento de su karma, no hubiera estado cualificada para su ascensión. Se tomó esto muy en serio y desde aquel momento hizo una hora de llama violeta cada día tan frecuentemente como podía para transmutar el karma que le quedaba.

Progresó mucho, evidentemente, ya que en el año 1997 El Morya le dijo: «Amada Annice, Serapis Bey está parado detrás de ti, su perpetua presencia sobre ti. Acabas de equilibrar el cincuenta y uno por ciento de tu karma y ese número muy recientemente saltó al sesenta y uno por ciento».

En 2007 Annice tuvo un derrame serio, que afectó su capacidad de hablar coherentemente. (El término médico para esto es afasia.) Ella había pensado que su momento podía estar cerca y la primera vez que se enteró de que había tenido un ataque, esperaba que Lanello viniera pronto y la enviara al cielo. Cuando eso no sucedió, supo que debía haber alguna razón por la que Dios quería que permaneciera en la Tierra un poquito más y aceptó las limitaciones que venían con esta nueva misión. Se sentó en su cama del hospital riéndose de su propio lenguaje divertido y la mezcla de palabras sin sentido que salían de su boca.

Después de su ataque, Annice jamás fue capaz de hacer los mantras y decretos. Me miró tristemente e indicó que ya no podía sacar las palabras. Ver a Annice en esta situación me dio una nueva apreciación del concepto: «Trabaja mientras tienes la luz». Sus muchos años de servicio y el hacer decretos de llama violeta tendrían que proporcionar el moméntum para verla atravesar esta nueva fase de su vida.

Annice a menudo solía recordarnos que el Arcángel Miguel una vez pidió a los estudiantes de los maestros ascendidos que trataran de vivir hasta los noventa y nueve años de edad. A la edad de ochenta y cuatro, ella decía con frecuencia: «Estoy tratando». Años más tarde comentaría que la tercera edad no es para los débiles de corazón. Hace falta valor para pasar por los retos de los últimos años de vida, especialmente cuando el cuerpo no se comporta tan bien como solía hacerlo.

Durante el tiempo que la he conocido, Annice ha estado lidiando con muchos desafíos a su salud: una enfermedad cardíaca, colesterol alto, hipertensión, miastenia gravis y una enfermedad de tiroides, por mencionar unas pocas. Pero ella nunca pareció permitir que estas cosas se interpusieran en el camino de su servicio. Tenía una actitud filosófica, viéndolas como un medio para saldar karma. «Debo haber sido traviesa en la Atlántida», decía con algo de diversión.

Siempre ha trabajado duro para mantener su salud y permanecer encarnada lo más posible. Con sus medicamentos, ella toma una serie de remedios naturales y suplementos, incluyendo arroz de levadura roja para bajar el colesterol y baya de espino para su corazón. Dios tiene un plan para cada uno de nosotros y debemos esforzarnos para vivir lo mejor que podamos hasta que sea el momento de irnos, en Su horario y no el nuestro.

Hasta el momento de este escrito, Annice todavía está con nosotros. No tiene la resistencia de años anteriores. Sus palabras todavía salen mal, pero sigue trabajando en su terapia de lenguaje. Se mantiene al día con las noticias y eventos mundiales y aunque ya no puede decretar, reza a su manera.

Y siempre el chela, a la edad de ochenta y nueve, todavía está trabajando para saldar el karma restante y buscando maneras de servir a los maestros y su misión.

Una fotografía de Annice en sus años jóvenes.
Me gusta pensar que es así como ella podría
lucir después de su ascensión.

CAPÍTULO 3

Lecciones de discipulado

Los siguientes episodios de la vida de Annice están publicados tal como ella me los contó. He agregado mis propios comentarios, a veces dando algunos de los antecedentes de los eventos que Annice describió, a veces compartiendo lo que he aprendido de ellos.

Cada historia ilustra uno o más principios espirituales de la relación Gurú-chela entre Annice y sus maestros, Mark, Madre, Serapis Bey y Morya. Sus reacciones, buenas o malas, apropiadas o inapropiadas, muestran una relación viva, relajada y amorosa con sus maestros. Una cosa importante a destacar es que ella no era perfecta (y ella hubiera sido la primera en admitirlo) sino que siempre estaba esforzándose y buscando hacer progresos en el Sendero.

Aquí hay mucho que aprender para cada uno de nosotros. En el análisis final lo importante es la calidad del corazón y el esfuerzo del alma. Los maestros no esperan que sus estudiantes sean humanamente perfectos, como robots y máquinas. Ellos entienden lo que es ocupar un cuerpo físico y estar sujetos a las limitaciones de la carne y la conciencia humana. Ellos esperan que nos esforcemos, que hagamos lo mejor que podamos, que tratemos de entender por qué cometemos errores y que aprendamos de esos errores. Y cuando cometemos un error, tenemos que levantarnos nosotros mismos, saldar el karma de ese error y continuar.

La vida de Annice y su ejemplo muestran ciertas cualidades de su alma como rasgos reconocibles desde el principio hasta el final. Sus amigos recordarán esas cualidades y espero que también sonrían y digan: «Sí, esa es la Annice que conocí».

No hay duda de que llegarás a tus propias conclusiones al leer cada historia. Pide a tu yo superior que te guíe y te revele la lección específica que puede haber para ti.

En este capítulo, las historias de Annice están marcadas en **negrilla,** mis comentarios en letras normales.

La primera vez que vi a Mark Prophet

¿Cómo será ver a tu Gurú por primera vez? Una cosa acerca del Gurú es que él es siempre impredecible. Ciertamente Annice no hubiera podido predecir lo que pasaría cuando conoció a Mark Prophet.

Habiendo sentido el llamado inconfundible del Maestro Jesús, viajó a Colorado Springs para asistir a su primera conferencia de The Summit Lighthouse. En aquella época la sede central estaba en La Tourelle, una mansión imponente cerca del famoso Hotel Broadmoor.

Vi a Mark Prophet por primera vez en la Clase de Octubre, en La Tourelle, en 1966. El día anterior a la clase hubo un servicio de Vísperas a las cinco de la tarde dirigido por Madre. Mark llegó al final para dar la bendición y después del servicio, los dos se pararon en la puerta principal estrechando la mano a las personas cuando salían. Cuando Mark tomó mi mano, mis rodillas se doblaron y tuve que agarrar la manija de la puerta para evitar caerme.

Mark me dijo: «¡Finalmente estás aquí!».

No tenía ni idea de a lo que se refería.

Lester preguntó si podía llevar a los mensajeros a cenar. Él había contado sólo con Mark y Elizabeth pero había un furgón lleno de gente. Mark dijo: «¿No te importa, verdad?».

Bueno, ¿qué se puede decir? Incluidos en el grupo había miembros del personal como Ruth Jones (quien ha ascendido desde entonces), Tom Miller, Bill Harper y los dos hijos que Mark y Madre tenían en ese momento.

En esa cena tuve mi primera conversación con Mark Prophet. Él me dijo: «¿Cuál es exactamente tu nombre en tu etiqueta?».

«Annice», dije.

«Es el nombre incorrecto para ti.»

«Es el nombre que mi madre me dio.»

«¡Pues se equivocó!»

Pensé para mí: «¿Quién es este tipo?».

«¿Sabes cómo decidió el nombre?»

«Sí, leyó una novela Francesa y pensó que era el nombre más lindo que jamás había escuchado.»

«Bueno, no es tu nombre. La vibración es completamente incorrecta.»

Mark continuó: «¿Tienes hermanas?».

«Sí, Doris.»

«Sí, tu madre se equivocó. Ese debió haber sido tu nombre.»

Al pensar al respecto en años posteriores, el nombre Doris se acerca mucho a Dorcas, el nombre que me dio Saint Germain. Así que quizás Doris debería haber sido mi nombre.

A partir de ese día Mark me llamó Sra. Booth.

Qué primer encuentro más significativo. ¿Por qué se doblaron las rodillas de Annice cuando conoció al Gurú? Podemos especular que fue la luz del encuentro con el mensajero. Por supuesto, no lo sabemos con seguridad, pero una cosa es cierta: su profesor la reconoció y había estado esperando su llegada. Annice no sabía lo que él quiso decir en ese momento, pero sus rodillas la delataron. Ella más tarde entendió.

El contacto con el Gurú es significativo en la vida de uno. En la tradición del Este para hacer cualquier conexión con el Gurú —a través del contacto con su mano, aunque sea viéndolo o escuchando su voz o recordándolo— se cree que conduce el alma a la iluminación.

Todavía quedan algunas personas en nuestro movimiento que estrecharon la mano de Mark Prophet. Lo más probable es que tú, el lector, no seas una de ellas. Yo no lo fui. Pero que no hayas estrechado la mano de Mark Prophet en esta vida no significa que no pueda estrechar la mano de Lanello o la de Madre para tal efecto. Aquellos que nunca conocieron a Mark o Madre físicamente todavía pueden hacer esa conexión interna segura con el Gurú.

Una manera es escucharlos y verlos a través de la maravillosa tecnología del mundo moderno patrocinada por el Maestro Ascendido Saint Germain. Tenemos la bendición de tener tantas grabaciones en audio y vídeo de los mensajeros y de las enseñanzas de los maestros ascendidos entregadas a través de ellos. Podemos verlas y escucharlas todos los días si queremos, y mucha gente hace precisamente eso.

También puedes encontrarte con los maestros y los mensajeros en sus retiros etéricos, mientras viajas a aquellas Universidades del Espíritu en tus cuerpos más sutiles mientras tu cuerpo físico duerme. Hay clases y conferencias a las que asistir, hay trabajo espiritual que hacer y enseñanzas que recibir para ayudarte en tu sendero.

Puedes darle la mano a Lanello y a Madre como tus Gurús y nunca soltarlas. Y ellos han prometido colocar tu mano en la mano de tu Santo Ser Crístico. Cuánto aman los maestros y los mensajeros a cada uno de sus chelas y cómo desean tomarlos de la mano y ayudarles a llegar a su meta: la reunión con Dios mediante el ritual de la ascensión al final de una vida de amor y servicio.

¿Cuánto tiempo ha estado el maestro esperando tu llegada a la puerta de su retiro? ¿Cuánto tiempo ha estado esperando tomar tu mano y decir: «Finalmente estás aquí»?

Lanello es nuestro Gurú siempre presente, conocido así porque está siempre con sus chelas, haciéndoles saber que está ahí para ellos. Bastará una simple llamada. Lanello dice:

> Es mi deseo, y es un gran deseo, que me aceptéis como estando «físicamente» presente con vosotros. Estoy tan cerca de vosotros. Si tan sólo inclinarais vuestro oído, me oiríais hablándoos a través de vuestro Santo Ser Crístico con discreción y juicio y dirección correcta... Puedo hacer, oh, tanto más por vosotros, porque tengo esa dispensación, siendo el cofundador con el amado El Morya de The Summit Lighthouse. Siendo ahora un Gurú conjunto con él y sirviendo debajo de él, puedo hacer tanto, amados... No olvidéis llamarme. Lanello es mi nombre.[3]

Una conclusión que podemos sacar de esta historia es que nuestro nombre es una clave para nuestra identidad. Se espera que lleve la luz y la vibración de quienes somos. Es interesante ver que Mark Prophet le dice a Annice en su primera conversación que su nombre no es el que ella debía tener. Parece que está literalmente desafiando quién ella es, o más bien, quién ella cree que es. Mark estaba estableciendo su verdadera identidad y su verdadero nombre desde el principio de su relación, tanto es así que él nunca más la llamó por su nombre de pila.

El vestido naranja

El día de esa cena con los mensajeros, había aparecido en la conferencia con un elegante vestido naranja del momento. Me encantaba ese vestido. Acababa de comprarlo por lo que era bastante dinero en aquellos días. Pensé que lucía tan maravillosa.

Después del servicio Madre se me acercó y me dijo: «Querida, no sé si conoces nuestras enseñanzas sobre los colores. Usamos los colores del día o el blanco».

Madre sugirió que usara blanco o azul u otros colores de los siete rayos. Le dije que esos colores no estaban de moda en ese momento.

Lester y yo paramos en nuestro motel después de la cena y le dije: «No creo que le gustara mi vestido». Así que busqué entre las ropas que había traído para hallar algo más que pudiera usar que luciera agradable. Esa noche, durante el servicio de la Sagrada Comunión, yo estaba de marrón y Lester estaba de negro. Todos los demás vestían de blanco.

Era muy nueva y pensaba que la gente realmente no sabía como vestirse en The Summit Lighthouse. No mucho tiempo después, la mensajera dio una enseñanza sobre el uso de los colores de los días. Después de esa charla usé el color del día durante toda mi vida.

Esta historia ilustra de manera divertida el primer paso en el sendero para muchas personas: que la evaluación de nosotros mismos sobre quién y qué somos ser insuficiente. Annice pensó que lucía «tan maravillosa» con su vestido naranja, y quizás así fuera según los estándares del mundo. Pero para el buscador espiritual, hay un estándar más alto y un llamado más alto. Sin saber cuál es ese estándar más alto —menos aún cómo alcanzarlo— llegamos a la comprensión de que necesitamos un instructor.

Esta es una prueba antes de que podamos incluso empezar el sendero. Es a menudo una prueba del ego. ¿Estamos dispuestos a admitir que no sabemos? ¿Estamos dispuestos a admitir que nuestras queridas ideas y conceptos puedan estar equivocados, o al menos ser improcedentes?

El Gurú la desafió inmediatamente. Afortunadamente, Annice no se ofendió. Más importante que el color de su vestido era el estado de su conciencia. Estaba dispuesta a escuchar y cambiar. Así podía comenzar a caminar por el sendero del discipulado.

Las enseñanzas de los maestros ascendidos proveen una perspectiva interesante sobre colores y vibraciones. Físicamente, cada color representa una cierta banda de frecuencias en el espectro electromagnético. Pero más que esto, espiritualmente, cada color lleva una vibración única.

Los maestros nos motivan a meditar y a utilizar los colores puros de los siete rayos, que corresponden a siete aspectos diferentes de la conciencia Crística. Azul es el primer rayo de poder, protección y buena voluntad; amarillo, el segundo rayo de sabiduría e iluminación; rosa, el tercer rayo de amor, arte y belleza; blanco, el cuarto rayo de pureza, armonía y disciplina; verde, el quinto rayo de sanación y abundancia; morado y dorado con vetas rubí, el sexto rayo de paz y hermandad; y violeta, el séptimo rayo de libertad y transmutación.

Usando estos colores y teniéndolos en nuestro entorno, podemos atraer estas cualidades hacia nosotros y ayudar a magnificarlas en nuestra aura. Colores a evitar son el negro, rojo y naranja, los cuales pueden atraer y magnificar energías negativas. Algunos psicólogos estudian los efectos del color en las emociones de las personas e incluso en su fisiología. Las enseñanzas de los maestros añaden una dimensión espiritual a este estudio.

Annice aplicó esta enseñanza diligente y obedientemente y tan pronto como escuchó la charla de Madre acerca del significado espiritual del color, cambió su guardarropa. Ha usado el color del día toda su vida desde aquella vez ya que cada uno de los siete rayos sobresale más un día en particular. Si olvidabas qué día de la semana era, todo lo que tenías que hacer era mirar a Annice: rosado el lunes, azul el martes, verde el miércoles, morado y dorado el jueves, blanco el viernes, violeta el sábado y amarillo el domingo.

En años anteriores, Madre y muchos miembros del personal en la sede central y los grupos de estudio eran bastante diligentes en el uso del color del día. En años posteriores, Madre a menudo usaba algo diferente, quizás basada en lo que ella o los maestros sentían que la ayudaría más en sus tareas para ese día.

Annice, sin embargo, nunca cambió su práctica. Lo veo como una cualidad de su sentido del orden y la disciplina del cuarto rayo. Hay también un cierto elemento de ritual en ello, cuando cada día, aunque sea por unos momentos mientras se vestía, tenía la oportunidad de meditar en uno de los siete rayos y al cambiar los ciclos de las semanas, desarrollar un equilibrio del moméntum en cada uno de ellos.

La enseñanza del color es una herramienta útil en el sendero, pero no somos rígidos al respecto. Ninguno de nosotros quisiera hacer sentirse incómodo a alguien que acaba de entrar por la puerta de nuestra casa o nuestro centro por su elección de ropa o colores. La mayoría de la gente encuentra esta enseñanza con el tiempo al cruzarse con elementos de ella en nuestras publicaciones u observar que muchos que están asociados con estas enseñanzas escogen usar colores particulares. O pueden descubrir por ellos mismos cómo les hacen sentir ciertos colores.

Volviendo a la historia de Annice, esta situación fue claramente vergonzosa para ella. Ella pensó que lucía tan bien y, sin embargo, aquí estaba la mensajera, señalándole un paso en falso en la moda. Puedes imaginar qué molesto puede ser una cosa tan simple como esta: ella tiene un vestido nuevo precioso que acaba de comprar y realmente le encanta, y ahora no lo puede usar.

Madre tuvo tino con Annice, pero realmente no le preocupaba complacer su ego. Este fue un episodio aparentemente insignificante, pero como muchas cosas en la vida, fue una prueba, que llegó muy temprano en su asociación con los mensajeros. ¿Cómo reaccionaría Annice? ¿Se ofendería? ¿Sería capaz de renunciar a un vestido favorito si el instructor lo pedía?

Madre se enfrentó a una prueba interesante de selección de colores al principio de su entrenamiento como mensajera. Fue al cine con Mark y escogió lucir un vestido rojo que había comprado antes de encontrar las enseñanzas. El color rojo tiene una vibración que lo vincula con la ira y las fuerzas de la oscuridad que van con ella. Mark había sugerido que no lo usara, pero ella decidió usarlo de todos modos. Le encantaba ese vestido.

Durante la película, sentada en la sala a oscuras, Madre sintió una presencia oscura, una entidad, sentada en su hombro y pegándose a su cuello. Le pidió a Mark que la ayudara a quitarse esta entidad de encima, pero él le explicó que no podía hacerlo ya que había hecho lo que le dijo que no hiciera. Así que Madre tuvo que luchar con esta fuerza y deshacerse de ella sola. Le tomó varios días hasta que finalmente pudo deshacerse de ella.

Esta fue una lección valiosa aprendida al principio del entrenamiento de Madre para ser mensajera. Los maestros le permitieron ver y sentir los efectos del color en su aura y su ser. Ellos respetaron su libre albedrío y ella tuvo que lidiar con las consecuencias de su decisión. Pero más que una lección sobre color, este incidente fue acerca de un estado de conciencia que le podía permitir ser desobediente a la instrucción del Gurú, ya que Mark tenía ese rol en su vida. El color de un vestido puede haber parecido una cosa pequeña en ese momento, pero qué precio podríamos pagar cuando somos desobedientes al Gurú, aunque sea una cosa pequeña, y así ponernos fuera de su protección. Quizás esta experiencia es una razón por la que Madre fue tan cuidadosa acerca del color y tan diligente en transmitir esta enseñanza.

En años posteriores, cuando sus chelas pedían directrices a Madre acerca de los colores que deberían usar, ella explicó que si tu empleo requería que utilizaras negro como parte de tu uniforme (un mesero, por ejemplo) entonces deberías usar negro por respeto a tu empleador y tu trabajo. Los hombres podrían usar trajes negros por razones profesionales o si el trabajo lo requiere, pero si es posible, todo desde el chakra del corazón hacia arriba, incluyendo camisas y corbatas, deberían ser colores de los maestros ascendidos. Azul marino es una buena alternativa en vez de negro para la ropa de hombres.

El Morya recomendaba que sus chelas no usen zapatos negros. El marrón es una alternativa aceptable, ya que no interfiere con el flujo de luz en los centros espirituales de los pies. Las mujeres tienen un rango mucho más amplio de colores de zapatos disponibles, así que es un problema menor para ellas.

¿La mensajera siempre utilizó los colores de los maestros ascendidos? Recordamos verla ocasionalmente en años posteriores usando verde oliva o un tono de naranja opaco. No explicó por qué usaba estos colores. Annice dijo que Madre a menudo le decía: «Mis iniciaciones no son tus iniciaciones».

Tratando de meditar

Cuando regresé a casa después de mi primera conferencia de The Summit Lighthouse, me encontré con un libro de Alice Bailey, publicado por una organización llamada Lucis Trust. El libro mencionaba los nombres de algunos de los maestros de los que había oído hablar a través de The Summit. Así que me dije a mi misma: «Magnífico, este es un libro sobre nuestros maestros ascendidos».

No me di cuenta en ese momento de que Alice Bailey, aunque había estado en entrenamiento con los maestros en una ocasión, había perdido su patrocinio y no representaba a los maestros ascendidos. En la parte posterior del libro decía: «Únete a este grupo de meditación». Pensé: «Qué maravilloso. No sé como meditar y este grupo me enseñará a hacerlo». Así que les escribí y me inscribí para unirme a su grupo. En la aplicación pedían enviar una fotografía, así que la envié. (Mark después me dijo que podían ver mi aura en la fotografía.)

Mientras tanto, regresé a la librería donde compré el libro y toda la serie de Alice Bailey a un precio reducido.

Pronto recibí una carta de entrega especial diciendo: «Estamos contentos de tenerte como parte de nuestro grupo de meditación». La primera lección te enseñaba a meditar en luna llena. Pensé que era estupendo ya que por fin aprendería a meditar.

También había que responder a un cuestionario cada mes. Una pregunta decía: «¿Has encontrado otros grupos de estudiantes de los maestros ascendidos en tu meditación?».

Les contesté y dije: «No sé como meditar, pero en uno de sus libros, en tal y tal página, dice que en el último trimestre del siglo, en el suroeste de los Estados Unidos, habrá un grupo nuevo de estudiantes de los maestros ascendidos. Bueno, lo he encontrado. No tuve que meditar para encontrarlo. He encontrado a The Summit Lighthouse y a los mensajeros Mark y Elizabeth Clare Prophet. ¡Están en Colorado Springs, como lo predijeron los maestros!».

Bueno, recibí una carta de entrega especial por correo aéreo muy rápidamente que decía: «Por el beneficio de su alma y de nuestro grupo, debe ser despedida inmediatamente. Rezaremos por su alma para que no caiga en el psiquismo». Firmaba Lucis Trust.

Nunca aprendí a meditar con ellos.

Cuando le dije a Mark acerca de esto, dijo: «El maestro te salvó, ¿no es así? Hiciste bien en no leer los libros que tienes. Para estar seguros, colócalos en mi biblioteca». Y así lo hice.

Florence Miller [otra estudiante de mucho tiempo de los maestros] también tuvo problemas con Lucis Trust. Ella había estado en este grupo antes de unirse a The Summit Lighthouse. Luego sus padres habían escrito a Lucis Trust para decirles que ella se había unido a Summit y formaron un grupo de oración para trabajar en contra de nosotros.

Esta es una prueba típica que le llega a un nuevo estudiante en el sendero. A menudo justo antes o justo después de encontrar las enseñanzas de los maestros, una alternativa se presentará y el estudiante tendrá que tomar una decisión.

Esta decisión llega a ser una prueba para el estudiante, una prueba de motivación, de discernimiento o algún otro elemento de conciencia. A veces la alternativa se presenta con halagos o la promesa de gran conocimiento o poderes espirituales, o quizás una atmósfera aparentemente más «amigable». ¿Qué escogerá el estudiante? ¿Cuáles son sus prioridades?

Un punto de referencia para diferenciar al verdadero instructor del falso es algo que Annice dijo en varias ocasiones: «La jerarquía falsa te alaba. Los verdaderos maestros no lo hacen».

A veces la alternativa que se presenta es la misma enseñanza falsa que nos alejó del sendero hace muchas vidas. Así se nos presenta la misma prueba otra vez. Y esperamos haber aprendido lo suficiente, en todos esos años fuera de la escuela de misterios, para reconocer a través el sendero falso y nunca más ser engañados por sus atracciones.

Estas pruebas pueden ser sutiles. Podemos preguntarnos por qué llegan tan pronto en el sendero. ¿Cómo puede saber el estudiante cual es la decisión correcta incluso antes de tener la oportunidad de estudiar las enseñanzas y de aprender los principios de la ley cósmica?

Pienso en el enunciado de la Biblia, que Dios no nos dará una prueba que no podamos pasar. Y quizás esta prueba no sea acerca del conocimiento de la ley como de la motivación y la pureza de la intención. Si el estudiante es sincero y realmente quiere saber, si es totalmente honesto en sus motivaciones, si pide a Dios que le muestre el camino a seguir y *realmente* quiere saber, si está preparado a aceptar la respuesta de Dios, sin importar lo que sea, entonces puede tomar la decisión correcta.

En el caso de Annice, parece haber sido un poco más

fácil que esto. Lucis Trust la despidió incluso antes de que ella tomara una decisión. Quizás fue un buen karma de servicio a los maestros en el pasado lo que les permitió intervenir y «salvarla», como Mark explicó.

Los mensajeros recomiendan que los estudiantes de los maestros no lean los libros de Alice Bailey ya que no están patrocinados por los maestros ascendidos y contienen errores significativos. Tampoco recomiendan meditar en luna llena ya que la luna llena tiende a aumentar las energías emocionales negativas del planeta. Como Virgen María, buscamos colocar las energías de la luna bajo nuestros pies.

Un mensaje del maestro

La primera vez que recibí un mensaje de Morya aún estaba en los negocios en California. Mi esposo, Lester, y yo invitamos a Mark Prophet a almorzar. Éramos tan nuevos y yo asistía a mi segunda conferencia [la Clase de Malta, que se llevó a cabo en San Francisco, octubre de 1966]. Durante el almuerzo Lester dijo que le gustaría un vaso de jugo de tomate, y dije: «Yo tomaré uno también».

Mark dijo: «No. Morya dice que Annice debería tomar jugo de piña».

Estaba estupefacta. Dije: «Mark, ¿porqué Morya me diría eso?».

Mark dijo: «No lo sé, pero lo dijo».

Afuera, en el estacionamiento, le dije a Lester: «¿Te diste cuenta de que Morya me estaba hablando?». Mirando alrededor rápidamente, pensando que se había perdido de ver al maestro, Lester dijo: «¿Dónde? ¿Dónde?». Había ignorado completamente que el maestro me había hablado a través de Mark.

Reflexionando en ello, pienso que Morya sabía acerca de mi historial familiar de problemas del corazón y probablemente quería que tomara el potasio en el jugo de piña.

Annice encontró interesante que la primera palabra directa

que recibió de Morya a través de Mark no fuera el tipo de comentario que uno podría esperar. Los chelas a veces piensan que al encontrar al maestro éste debería decir algo profundo, algo de significado espiritual profundo, o dar alguna dirección para su trabajo en la vida o el plan divino. Y quizás los maestros hacen esto para algunos chelas.

Pero el primer comentario de Morya a Annice estaba basado en los aspectos prácticos de la vida. Estaba relacionado con lo que ella ponía en su boca.

En años posteriores, problemas serios de salud trataron de restringir la duración de la vida y el servicio de Annice, y mirando hacia atrás podemos ver por qué el maestro estaba preocupado por su salud. Cada uno de nosotros necesita vivir tanto tiempo como podamos en esta Tierra para saldar la mayor cantidad de karma que podamos y cualificarnos para nuestra ascensión. Y si fallecemos prematuramente, sin haber saldado el necesario cincuenta y uno por ciento, tendremos que regresar y comenzar otra vez en otro cuerpo.

El Morya estaba cuidando amorosamente a su estudiante, preocupado por aquellas cosas que pudieran acortar o prolongar su vida. Era un patrón que sería repetido. Annice dijo que Morya se interesó por su salud por mucho tiempo a través de Mark.

He aquí otro ejemplo:

Acabábamos de regresar de la India y todos estábamos exhaustos. Había sido un viaje difícil y nos habíamos encontrado con unos registros kármicos intensos. Yo un miembro del personal, y Mark dijo: «Señora Booth, ¿cómo se siente?».

«Mark, me siento sucia.» Esa fue la única manera que lo podía describir. Simplemente sucia.

Mark contestó: «Morya dice que necesitas linaza».

«¿Qué es la linaza?».

Mark dijo: «No lo sé, pero Morya dice que necesitas linaza».

Hablé con un miembro del personal que había tenido un restaurante macrobiótico, y le pregunté: «Cómo se come la linaza?». Stanley me habló acerca de las semillas de linaza y cómo molerlas y tomarlas cada mañana con cereales.

Conseguimos algunas semillas de linaza y las comí todas las mañanas en mi cereal. Ahora, treinta años más tarde, todavía sigo comiendo semillas de linaza.

Fue increíble cuán práctico fue el maestro. No fue un «¡oh, que chela tan maravillosa eres! Qué fantástica eres y qué gran trabajo estás haciendo». En su lugar, conseguí mucha enseñanza de Morya a través de Mark la que fue muy específica e instrucción práctica para mí en ese momento. Estoy tan agradecida por ello.

Annice estaba sorprendida de que Morya supiera de los beneficios para la salud de la semilla de linaza mucho antes de que se hiciera popular con aquellos interesados en la vida saludable y las comidas naturales. En los años desde que Morya instruyó a Annice, se ha averiguado que la linaza contiene altos niveles de ligninas y ácidos grasos omega 3 ácidos grasos, y ha demostrado ser útil en la prevención de enfermedades del corazón y el cáncer.

Annice a menudo decía: «Tengo una buena cantidad de obediencia acumulada en mí». Si el maestro le dijo que tomara semilla de linaza, fue obediente y la tomó. No paró y no necesitó que se le dijera una segunda vez.

Los ojos de Morya

En 1966 y 1967 mi esposo y yo viajamos a Colorado Springs cada tres meses para asistir a las conferencias trimestrales, regresando a nuestro negocio en California después de cada clase. Estaba muy contenta de asistir a las clases y ser la Sra. Booth cuando regresaba a casa donde era dueña del estudio. Cuando regresaba a casa prefería que nadie supiera que pertenecía a esta organización fuera de lo común.

Durante mi segunda conferencia, Mark y Madre me dijeron: «Morya quiere que te encargues del grupo de estudio de San Francisco».

Era nueva todavía y no sabía que había grupos de estudios ni que había uno en San Francisco. Dije a los mensajeros: «No sería posible dejar el negocio. Y además, nos estamos acercando a la Navidad y es la época de mayor actividad del año para nuestro negocio».

Mark no dijo nada, y pensé que sería el fin de la conversación.

Durante las semanas siguientes Mark me envió cualquier información escrita producida por The Summit Lighthouse que tuviera una fotografía de Morya en ella. Llegó al punto en el que tenía miedo de abrir mi correspondencia, ya que cada vez me encontraba con los ojos de Morya mirándome.

Esto sucedió por varias semanas. Nunca hubo una nota de

El Maestro Ascendido El Morya

explicación o una carta de Mark, sólo información escrita con la fotografía de Morya en ella, y con frecuencia en la portada. Ponía a toda prisa estos artículos en el cajón al lado de mi escritorio. Más tarde abría el cajón por alguna razón, ¡y allí estaban los ojos de Morya mirándome! Y esto fue en los días de la fotografía no-retocada de Morya, donde los ojos eran aún más penetrantes de lo que los son hoy.

Finalmente un día abrí mi correspondencia y allí había una fotografía de Morya de 8 x 10. ¡Fue demasiado! Me desplomé, o mejor dicho, cedí. Llamé a Mark y le dije: «Está bien, me rindo».

Mark dijo: «Oh, los ojos de Morya te llegaron, ¿no es así? Pensé que funcionaría». Luego colgó. Y esa fue toda la conversación.

Nadie realmente conoce a Mark Prophet a menos que haya trabajado con él. Es realmente un maestro Zen, como su propio maestro, Morya.

Bueno, una vez más nada se dijo acerca de estar a cargo del grupo de estudio de San Francisco y como el tiempo transcurría pensé que estaba libre de responsabilidad. Semanas vinieron y pasaron y nadie lo mencionaba y yo, por cierto, no toqué el tema. Luego vinimos a La Tourelle para asistir a la siguiente conferencia trimestral y en el último día de la clase Mark y Madre me llamaron a su oficina.

Madre dijo: «Annice, ya pasaron las navidades. ¿Cuándo comenzarás el grupo de estudio en San Francisco?».

Yo dije: «No sé nada de nada. No sé como se maneja un grupo de estudio. Si tuviese que liderar el decreto a Astrea y alguien me preguntara quién es Astrea, no podría responder».

Madre buscó detrás del escritorio de Mark y sacó una copia de un libro con una cubierta amarilla, *La ley de la vida*, de A.D.K. Luk.* «Este libro nos cuenta sobre los maestros. Cada semana decide qué decretos vas a hacer en el servicio y mira en el libro cada uno de los maestros mencionados en el preámbulo. No hay problema».

Así llegué a ser el líder del grupo de estudio de San Francisco. Allí había alrededor de ocho pequeñas señoras de edad que habían decretado juntas por años. Les pedí que me enseñaran a dirigir decretos y a dirigir un servicio. Afortunadamente en estos días la mayoría de la gente no tiene que pasar por todo eso para ser líderes de decretos o líderes de los

---

* Nosotros recomendamos *Los maestros y sus retiros*, por Mark L. Prophet y Elizabeth Clare Prophet. Este libro es mucho más exhaustivo y completo que el libro de A.D.K. Luk y corrige varias inexactitudes del trabajo anterior.

grupos de estudio. Tenemos manuales que publiqué cuando era directora de la Oficina del Ministerio. Ellos te dicen exactamente como conducir servicios, decretos y un grupo de estudio.

Para algunas personas, los métodos de Mark convenciendo a Annice a comenzar este grupo podrían parecer fuera de lo común, o incluso manipulativos. Él utilizó su conocimiento del alma de Annice y su psicología para llegar a ella y persuadirla a cumplir la dirección del maestro. Sin embargo, él no tenía un fin personal. Él estaba actuando para lograr la voluntad de Dios de la manera más rápida posible para el mayor provecho.

La misma Annice a menudo utilizaba la psicología para atraer o incitar a otros a hacer lo que se necesitaba hacer. Solía decir: «Todo lo que sé sobre psicología ¡no lo aprendí en la escuela!». Como estudiante de la naturaleza humana, ella sabía cómo recurrir a la bondad suprema en otros y cómo motivar a otros para que trabajaran para ella o con ella en un proyecto que valiera la pena.

A veces la gente piensa que Annice tenía un gran entrenamiento para hacer lo que hacía por los mensajeros y su organización. Bueno, ella tenía un gran entrenamiento, pero la mayoría era en el trabajo. Aprendía al hacer el trabajo. Annice era consciente de sus limitaciones, pero sabía que un trabajo necesitaba hacerse para los maestros y no tenía que ser perfecta para hacerlo. También era suficientemente humilde como para pedir a otros que la ayudaran.

La misma lección se puede aplicar a cada uno de nosotros hoy. ¿Qué tarea hay que el maestro quiere que hagas para él a la que te estás resistiendo? Quizás él necesita que un grupo de estudio empiece en tu ciudad, o quizás necesita que avances al punto de dirigir un servicio o una sesión de decretos.

¿Estás sintiendo quizás que no has sido entrenado o que no eres digno? ¿O que alguien más podría hacerlo mejor que tú?

Recuerda el ejemplo de Annice. Encuentra lo que necesitas saber, lee los manuales, pide ayuda a los demás y simplemente aparece y hazlo lo mejor que puedas. Los maestros aprecian todo lo que estamos dispuestos a hacer y no esperan que seamos perfectos. Todos podemos entrar en el proceso de ser entrenados como chelas si nos comprometemos con ese sendero. Y mucho de ese entrenamiento es entrenamiento en el trabajo, como fue con Annice. Recibimos nuestro entrenamiento mientras estamos involucrados en el trabajo del maestro.

El Gran Director Divino y los elementales

Después de la Clase de Octubre de 1966 fui a casa y un mes después la Clase de Malta se llevó a cabo en San Francisco y Los Ángeles. Hubo realmente dos clases. Lester y yo fuimos a la de San Francisco y nunca la olvidaré.

Cuando regresé a casa de la clase estaba trabajando en mi estudio colocando fotografías de boda en un álbum, deseando estar allí en la clase en Los Ángeles. La clase había comenzado ese día y lo podía sentir. Estaba haciendo un gran lío, desordenando las fotografías, dejándolas caer en el piso, enroscando las fotografías. Estaba simplemente haciendo un lío del álbum.

Finalmente me volví hacia Lester y dije: «No puedo soportar esto. Voy a tomar un avión. Sólo cuesta veinte dólares y no estoy bien aquí». Lester dijo: «Bueno, yo conduciré».

Llegamos a la conferencia de Los Ángeles por la noche y el Gran Director Divino* estaba dictando. Estaba liberando a los elementales. Ellos han estado sometidos al karma negativo de la humanidad y ya no tenían que tolerarlo.

Iban a ser liberados a medianoche y los maestros no garantizaban lo que pasaría. Esperaban que no pasara nada pero no podían estar seguros.

El día siguiente era el último día de la clase. El último

---

* El Gran Director Divino es un Ser Cósmico instructor de El Morya.

dictado terminó como a las diez de la noche y después del dictado, al darnos la mano con Mark en la puerta, éste le dijo a Lester: «Les, dejen la ciudad. No se queden aquí. No sé lo que pueda pasar. A los elementales se les ha dado su libertad, así que aléjense lo más que puedan esta noche antes de parar».

No entendí esto en ese momento. Era nuestro primer encuentro con la ley kármica y la superación del karma.

El último día de la Clase de Malta fue el 6 de noviembre de 1966. En el siguiente día hubo dos tornados F2 en el condado de Los Ángeles. El Gran Director Divino dijo en este dictado:

> Las condiciones en el mundo hoy día han alcanzado un punto en el que el Consejo Kármico ha retirado todas las restricciones de los seres de los elementos. Esto significa que la humanidad de la Tierra hoy día no sabe lo que los elementales harán de un minuto para el otro...
>
> En la medida en que quede una pizca de esperanza para la humanidad, [esto es] cuando las fuerzas de la vida elemental son desatadas y cuando ciertos elementos destructivos en la humanidad son liberados y desatados sin restricciones, que la humanidad pueda entonces despertar y decidir por sí misma que cancelará el producto de sus propias imaginaciones corruptas...
>
> Por tanto, emitimos esta noche el edicto que a menos que la humanidad cambie y corrija y repare algunas de las terribles fallas que ahora existen en la sociedad, los elementales serán ciertamente incapaces de contener la marea de la creación humana que ahora está detrás de ellos, sostenida en el nombre de la

misericordia cósmica. No os sorprendáis ni os asustéis de lo que pase, luego, sobre la Tierra; y si deseáis dar vuestras energías para tratar de detenerlo, ese es vuestro privilegio. Pero pienso que lo que al Consejo Kármico le gustaría que hicierais se os debería comunicar ahora.

Deseamos que aquellos que anteriormente han dado sus energías para la protección de la humanidad y para retener la acción cataclísmica, dirijan ahora toda su atención sobre las mascaradas que la humanidad ha puesto alrededor de sí misma, la creación humana que ha construido alrededor de sí misma para su propia protección contra el poder espiritual. Deseamos que llaméis para que caigan los muros de Jericó de la creación humana. Deseamos que llaméis para que la humanidad se ilumine del poder espiritual que hoy se eleva a grandes alturas cósmicas sobre este planeta que es responsable de muchas condiciones que la humanidad no entiende. Porque la humanidad no está aceptando el poder espiritual sino que lo está rechazando, está estallando en todo tipo de disturbios sobre este planeta...

No es esencial detener la acción del cataclismo o los disturbios mundiales; es mejor llamar por un despertar de la humanidad... [Esto] producirá, si la humanidad lo acepta, su liberación de la retribución kármica que de otra manera descenderá sobre ella. ¡Esto es inevitable; no lo podéis detener! La única manera en que podéis detenerlo es que la humanidad acepte la ley.[4]

Una experiencia del Espíritu Santo

Antes de ser parte del personal sólo había estado en un par de conferencias y aún me consideraba como nueva. Pensé que todo era simplemente maravilloso.

Un día estaba recostada en el sofá de mi sala de estar mirando a través de la puerta corrediza de vidrio hacia el hermoso patio. Había un enorme pino de más de cincuenta pies [15 m] de alto. Había estado leyendo un libro de meditación yoga de Patanjali. No era una meditadora y no era propensa a ver cosas, pero pensé: «Caramba, esto es hermoso». Entonces, de repente, las paredes desaparecieron y me pareció entrar en el árbol. ¿O el árbol entraba en mí? ¿Yo estaba en el árbol o el árbol estaba en mí? No podría decir.

No había sombras y cada aguja del pino brillaba. Era increíble. La considero una experiencia maravillosa hasta el día de hoy. Era la victoriosa luz dorada que no da sombra y junto con ella había un sonido que sólo podría describir como un viento feliz. Recordé las palabras «aquí no hay más noche». No sé cuanto tiempo duró esta experiencia, pues ya no había más tiempo ni espacio para mí en ese jardín.

Más tarde le conté a Mark acerca de la experiencia, y él me dijo: «Ese fue el Espíritu Santo». No le conté a nadie esta experiencia en aquel momento, ni siquiera a Lester, sólo a

Mark.

Le pedí a Mark que me dijera más. Sabía que Mark tenía todos los dones del Espíritu Santo, y le pregunté: «¿Ha experimentado el Espíritu Santo alguna vez?». Me contó de una ocasión cuando había sentido un dolor físico real en su plexo solar. Dijo: «Hay un precio a pagar por todas estas cosas».

El Espíritu Santo está en todas partes, hasta en el aire que respiramos. Annice experimentó esto directamente al sentir esa unidad con esta presencia universal que se manifestaba en el pino fuera de su casa. Los primeros frutos del Espíritu Santo son la unidad, la armonía y la paz profunda que Annice sintió aquel día. En su caso, esto sucedió una vez en toda su vida.

A veces las personas tienen la idea de que la prueba del sendero espiritual se encuentra en estos tipos de experiencias y que si no tienen estas revelaciones trascendentes, debe haber algo mal. Pero tener estas experiencias no es necesariamente una señal de progreso en el sendero y no tenerlas no significa que un estudiante no está avanzado o no progrese.

Los falsos gurús de Oriente a menudo seducen a la gente para que los sigan, demostrando fenómenos psíquicos o provocando experiencias que son imitaciones de lo verdadero. Los verdaderos maestros alertan a sus chelas de los peligros de buscar el fenómeno psíquico o espiritual. Estas cosas pueden ser una distracción del verdadero trabajo del Sendero: autotransformación y el trabajo de Dios en la Tierra.

Aun así Dios a veces nos bendice con experiencias de gran luz y belleza. Éstas pueden servir como un refuerzo de nuestra fe o una visión para el futuro, la meta por la cual luchamos en nuestra propia ascensión a esa presencia universal. Pero, como Mark señaló, hay un precio a pagar por estas cosas. Parte de ese precio es que la luz saca a la superficie elementos negativos del yo inferior que luego deben ser entregados.

El otro precio que debe ser pagado es que el mundo a menudo reacciona contra la luz de Dios cuando se manifiesta en el hombre. El Evangelio de Juan dice que «la luz brilla en la oscuridad; y la oscuridad no la comprende».

El SOS de los maestros ascendidos

Un día le conté a Annice un encuentro que tuve con un oso. Había estado trabajando tarde en mi oficina un viernes por la noche. A las 8:15 de la tarde escuché un ruido extraño afuera de la ventana de mi oficina. Miré y había un oso negro enorme sentado en el árbol junto a la ventana, comiendo fruta del árbol. Era la única persona en el edificio y lo observé por un buen tiempo. Jalaba las ramas, quebrándolas y desnudándolas de su fruta.

Llamé a mi esposo, que estaba trabajando en otra parte del Retiro Interno, para decirle acerca del oso. ¡Pensé que estaría atrapada en el edificio toda la noche!

Luego, por alguna razón inexplicable, decidí abrir la persiana completamente para mirar mejor al oso. Al hacerlo el oso miró hacia arriba y nuestras miradas se encontraron. Me miró por algún tiempo y luego miró en la otra dirección, bajó del árbol y se alejó, a pesar de toda la fruta sin comer que todavía había en el árbol.

Le conté la historia a Annice, quien me dijo que mi historia del oso le recordó una ocasión en San Francisco en 1967, cuando acababa de dar comienzo a un grupo de estudio.

Estaba dirigiendo una sesión de decretos dinámicos cuando,

de pronto, una persona en la congregación saltó y dijo: «Yo sé como podemos salvar al mundo. Necesitamos llamar a _____». Mencionó el nombre de una entidad muy oscura que no puedo ni mencionar lícitamente en voz alta. La persona que interrumpió el servicio era un individuo perturbado que había estado entrando y saliendo de instituciones mentales en esta vida. Mark me dijo más tarde que este pobre hombre había sido un científico en la Atlántida y había utilizado mal la energía en aquella vida. [En este caso, su condición mental era el resultado de aquel karma.]

Esperando distraerlo, le dije: «Bueno, acabemos nuestros decretos». Después de terminar la sesión, insistió en contarme acerca de este ser que debería invocar, muy a mi disgusto. Para entonces la sala estaba erizada con energía psíquica de la entidad, ya que el pronunciamiento de su nombre la había llamado. Estaba tan molesta que llamé a Mark.

Mark pronto me puso en orden cuando dijo: «Ahora escúchame. Vas a encontrar todo tipo de gente loca en este trabajo. Todo lo que tienes que hacer es mirarlos directamente a los ojos y Morya enviará su rayo a través de tus ojos. Y luego dices: "¡La Luz de Dios nunca falla, y la amada Poderosa Presencia YO SOY es esa luz!". Ese es el botón de llamada de pánico de la Hermandad. Cuando haces ese llamado, alguien, en alguna parte del cosmos, tiene que responder».

Cuando se trabaja para los maestros, no es desacostumbrado lidiar con oposición de varias formas. Las fuerzas de la oscuridad en el planeta son amenazadas por la luz y tratan de perturbar las actividades de la Hermandad. Muy a menudo ésta viene en formas menos evidentes, como proyecciones de desaliento y depresión. Pero las fuerzas oscuras a veces trabajan a través de personas encarnadas que son mentalmente inestables. Fue lo mismo hace dos mil años, cuando Jesús y los apóstoles también tuvieron sus encuentros con los que estaban poseídos por espíritus malignos.

Annice tuvo el buen sentido, cuando afrontaba con una situación de oposición con la que no sabía como lidiar, de preguntarle a Mark y él le dio una fórmula para invocar la asistencia de los maestros al instante.

Lo importante cuando afrontas oposición es reconocerla cuando ocurre y hacer algo al respecto inmediatamente. Un incidente como el que Annice enfrentó es relativamente fácil de descubrir. Sin embargo, cuando viene energía más imperceptible, es igualmente importante reconocerla y hacer los llamados. No permitas que la energía negativa repose en ti. Haz el fíat de Mark (el llamado SOS), llamados a Astrea o al Arcángel Miguel o lo que sea necesario para terminar con ello y restablecer tu campo de fuerza.

Los ojos son de verdad la ventana del alma. La mensajera desde entonces ha dado la enseñanza de que sería preferible mirar al tercer ojo o al espacio entre los ojos situado entre las cejas en lugar de mirar directamente a los ojos de alguien que está trastornado mentalmente y así no arriesgarse a tomar sus energías. Hay algunas personas a las que no hay que mirar a los ojos.

«Olas en el mar»

Después de que Annice saliera de su retiro, dio una clase en Summit University en julio de 2004 y después autografió sus libros. Después de dar charlas por horas, autografiar tantos libros y hablar a tantas personas, su voz se agotó. Simplemente no podía hacer nada más.

Esto le recordó una experiencia con Mark en la Conferencia de Pascua en 1967. En aquellos días Mark daba casi todas las charlas y dictados en las conferencias. Era la última noche de la clase. Había estado en el estrado por la mañana, tarde y noche por cuatro días. Entre charlas hablaba con la gente durante el almuerzo o se reunía con ellos para darles consejería.

Jesús estaba programado para dar un dictado. Mark generalmente daba un sermón o una charla corta antes de un dictado, pero después de cuatro días estaba tan gastado que decidió ir directamente al dictado. Además, simplemente ya no tenía la energía para dar una charla. Luego descubrió que algunas personas nuevas habían llegado esa noche.

Recuerdo una vez cuando Mark ya no podía continuar. Estaba tan cansado y aún había allí algunas personas que hubieran querido verlo y escucharlo por primera vez. Mark dijo que no sabía si lo podía hacer. Pero Morya dijo: «Te

ayudaremos».

Después Mark me preguntó qué me había parecido la charla. Le dije que pareció más un dictado que una charla. Había comenzado a tomar notas y luego paré porque parecía un dictado. Entonces Mark me contó la historia de cómo había estado tan cansado, pero los siete chohanes vinieron y dieron la charla a través de él.

Esta charla de los siete chohanes fue llamada «Olas en el Mar». Dura veintitrés minutos y está publicada en el álbum *Discursos sobre la Ley Cósmica 3*. Es la charla perfecta para un estudiante nuevo.

A veces los maestros pueden actuar más fácilmente a través de nosotros cuando estamos más débiles en el sentido humano. Quizás sea en esas circunstancias cuando somos capaces de desprendernos más fácilmente de la sensación de que estamos desempeñando algún trabajo para los maestros a través de nuestra fortaleza humana.

Pablo habló de esto en su segunda epístola a los Corintios:

> Y me ha dicho: Bástate mi gracia; porque mi poder se perfecciona en la debilidad. Por tanto, de buena gana me gloriaré más bien en mis debilidades, para que repose sobre mí el poder de Cristo.
>
> Por lo cual, por amor a Cristo me gozo en las debilidades, en afrentas, en necesidades, en persecuciones, en angustias; porque cuando soy débil, entonces soy fuerte.

Flotando con meditaciones seráficas

Los serafines son una orden de ángeles que sirve en el cuarto rayo. Son grandes sanadores, seres ígneos que, con sus cuerpos y sus alas, forman anillos concéntricos alrededor del Gran Sol Central. Absorben la luz del Sol espiritual y, «arrastrando nubes de gloria», la entregan a las evoluciones más remotas del universo, incluyendo aquellas en nuestro propio planeta Tierra.

Annice tuvo una experiencia con estos ángeles a principios de su época con Summit.

Mi esposo y yo teníamos nuestro negocio de fotografía de bodas antes de entrar en las enseñanzas. Era un estudio de retratos. En mi estudio, acababa de regresar de una conferencia y una *Perla de sabiduría** llegó por el correo. Era de Serapis Bey y el título era «Meditaciones seráficas».[5] Solía recibir las *Perlas* en mi estudio y las abría junto con la otra correspondencia, las cuentas, etc.

Cuando leí las primeras palabras de la *Perla*, «Y contemplé los grandes anillos de fuego electrónico del Sol Central... »

---

* Las *Perlas de sabiduría* son cartas semanales de los maestros ascendidos a sus estudiantes de todo el mundo. Han sido publicadas por The Summit Lighthouse desde 1958.

simplemente marché a las octavas más altas. Parecía como que ya no estaba en mi cuerpo.

El teléfono estaba sonando y ni siquiera lo notaba. Mi marido vino a mi oficina desde su cuarto oscuro y dijo: «¿Qué te sucede?».

En lo que a mí respecta, no me pasaba nada. Estaba en éxtasis. No creo que estuviera meditando. Nunca he sido una meditadora. Era una metodista estricta. No sabía nada sobre meditación o enseñanzas del Oriente ni de maestros. La mayoría de la gente sabía del Buda, pero yo no sabía nada.

Así, mientras mi marido me hacía preguntas, volví y escuché el teléfono que sonaba. Levanté el teléfono y era uno de nuestros clientes. Dijo: «Sra. Booth, me gustaría pedir una cita para que me tomen una foto».

Aunque ya estaba de regreso en mi cuerpo, todavía no funcionaba bien del todo.

Estaba tan desenchufada que simplemente dije: «Nos encantaría tomar su fotografía, pero tendrá que pedir una cita».

«Lo sé. Esa es la razón por la cual estoy llamando, para pedir una cita.»

«Bueno, nos encantaría tomar su foto, pero tendrá que pedir una cita. Trabajamos con citas solamente.»

«Lo sé. Estoy tratando de pedir una cita.»

Y le dimos vuelta y vuelta.

Todo este tiempo, Lester estaba parado allí, perplejo. Finalmente el cliente al otro lado de la línea dijo: «Annice, no creo que estés bien hoy, mejor llamo en otro momento». Y colgó.

Traté de contarle a mi marido acerca de esta maravillosa *Perla de sabiduría*, pero se dio la vuelta y regresó murmurando a su cuarto oscuro: «Si sólo pasara tanto tiempo en el negocio como lo hace en esas enseñanzas».

Inmediatamente cambié mi dirección para las *Perlas de sabiduría* e hice arreglos para que fueran enviadas a mi casa, donde las podría leer sin molestias. No iba a repetir una situación como esa otra vez. Hasta el día de hoy, es todo lo que puedo hacer para permanecer en mi cuerpo cuando escucho «Meditaciones seráficas».

La página impresa puede en verdad guardar luz. Las *Perlas de sabiduría,* los libros, cintas audio y CDs de las enseñanzas de los maestros ascendidos contienen sus radiaciones y vibraciones. Muchos han sentido la luz brotando de las páginas de estos textos sagrados. Annice estaba respondiendo a la luz que fue transmitida a través de la *Perla de sabiduría* que llegó a su buzón. En este ejemplo la transportó a otro mundo. Quizás respondió de esta forma porque contenía las enseñanzas de uno de sus maestros favoritos, Serapis Bey, y porque ella sirve en el cuarto rayo.

A pesar de las formas realistas y prácticas de Annice, hay un lado etérico en su naturaleza. En verdad es la mística práctica. Se encuentra como en casa en el mundo celestial y podría flotar fácilmente hacia a la octava etérica si no estuviera atada a una tarea. La mensajera le dijo una vez que estaba más en la octava etérica que en el mundo físico.

La presencia de Babaji

En una conferencia en 1967, Mark estaba dando una charla cuando de repente paró y dijo: «¿Alguien ha sentido algo?». Justo cuando hablaba, sentí como si mi corazón saltara fuera de mi pecho. Mark dijo: «Sra. Booth ¿ha sentido algo?».

Dije: «Sí, pero no sé qué ha sido».

Mark explicó que fue el maestro Babaji saludándonos desde los Himalayas.

Después de aquel incidente, en algunas conferencias Mark paraba y preguntaba: «¿Alguien ha sentido a Babaji?».

Una vez estaba en la cocina durante una conferencia y estaba preparando sándwiches de mantequilla de cacahuete. De repente, Mark preguntó: «¿Alguien en la cocina ha sentido algo? Quiero que cualquiera en la cocina que haya sentido a Babaji venga».

Escuché esto por el altavoz que estaba instalado en la cocina. Muy obedientemente fui al santuario con el delantal puesto.

Mark dijo: «Está muy bien, Sra. Booth. Puede regresar a sus sándwiches de mantequilla de cacahuete. Solamente quería saber si había podido sentir a Babaji».

Así que regresé a la cocina, simplemente fascinada de que Mark tuviera tal conocimiento de todo lo que sucedía alrededor de él en los 360 grados de su conciencia. ¡No sólo sabía que había sentido a Babaji, sino también sabía el tipo de sándwiches que estaba preparando!

El maestro hindú Babaji es un adepto no ascendido de los Himalayas. Él focaliza la luz en la Tierra a través del cuerpo físico, pero es raramente visto por cualquiera que no sean sus discípulos. Su historia se encuentra en la *Autobiografía de un yogui*, por Paramahansa Yogananda, quien sirve bajo el linaje de los gurús que descienden de Babaji.

Le comenté a Annice que era interesante que Mark continuara mencionándole a Babaji, especialmente ya que Babaji es un adepto no ascendido y tiene gran logro en meditación. Me aventuré: «¿Quizás lo conociste en los Himalayas?». Ella respondió:

Indudablemente lo conocí en vidas pasadas. Todos nosotros hemos tenido que estar en los Himalayas en algún momento del pasado. En esta vida, no sabía nada sobre budas y meditación. Era una metodista «hincada en mis rodillas». Pienso que he sido mantenida alejada de la meditación deliberadamente o algo por el estilo. Esta es una vida de trabajo para mí.

Imágenes de los maestros

Después de una clase en 1967, Mark y Madre nos pidieron a Lester y a mí que fuéramos a sus habitaciones en La Tourelle. Explicaron que necesitaban tener imágenes de los maestros para que nuestros miembros las usaran. Tenían una serie de imágenes de varios maestros ascendidos desplegadas sobre la cama. Éstas eran imágenes de otros movimientos de maestros ascendidos anteriores, incluyendo el Puente a la Libertad y la Teosofía. Madre y Mark nos preguntaron qué imágenes escogeríamos como representativas de los maestros, dignas de ser usadas como focos de su luz y su presencia.

Pensé para mí: «¿Ustedes, los mensajeros, me están preguntando a mí?». Pero era obediente y les dije las que pensé que estaban bien. Evidentemente mi opinión coincidió con la de ellos porque estuvieron de acuerdo con mi evaluación, diciendo: «Eso es lo que pensamos, también».

La razón por la que esta situación se presentó fue que Mark y Madre habían utilizado una imagen del Gran Director Divino que resultó ser un impostor de la falsa jerarquía del maestro. Tuvieron que disculparse con los miembros y pedirles que devolvieran todas las copias que habían comprado.

El incidente con la imagen del Gran Director Divino fue una lección de humildad para Mark Prophet. Explicó que la imagen había sido utilizada por una actividad de maestros ascendidos anterior que él respetaba y el artista le había dado permiso para utilizarla, así que procedió a imprimirla sin verificar con Morya. Cuando se dio cuenta de que la imagen era de un impostor de la falsa jerarquía, tuvo que disculparse humildemente y admitir que había cometido un error. Se dio cuenta de que los miembros no perdieron fe en él debido al error, sino más bien su fe fue fortalecida por su honestidad al admitirlo.

La reunión con Annice y Lester también demuestra la humildad de los mensajeros y su respeto por la opinión de otros, especialmente aquellas personas en quienes confiaban. Estaban siempre dispuestos a preguntar la opinión de otras personas y considerar otros puntos de vista. Es interesante ver que Mark y Madre pedían esto de Annice y Lester en un momento en el que habían estado estudiando las enseñanzas sólo por un año.

Este incidente le enseñó a Annice que tenía que aprender a desarrollar y confiar en su propia sintonización con su Cristo, en vez de ser demasiado dependiente de Mark y Madre. Ella también tenía que saber cuándo verificar con los mensajeros o los maestros, y tener la humildad de aceptar que su propia sintonización podría no ser siempre correcta. Le enseñó la humildad de los mensajeros y demostró que uno debe estar dispuesto a admitir sus errores y corregirlos.

Este incidente también muestra la importancia de que los focos de los maestros tengan la vibración correcta. La imagen que prentendía ser del Gran Director Divino era técnicamente bella, a mucha gente le gustaba y había sido utilizada por una organización anterior por muchos años. Aun así Mark explicó que era un retrato de una jerarquía falsa y un foco de oscuridad.

Tomó el lienzo y realizó una ceremonia para quemarlo en una fogata.

Madre ha explicado que la conciencia del artista afecta a lo que se comunica a través de una obra de arte. Para que sea un verdadero foco de los maestros, la obra necesita ser de una vibración que los maestros puedan llenar con su luz. A veces el maestro escoge opacar al artista y su trabajo. A veces el retrato es el Santo Ser Crístico o el Yo Superior del artista. Con demasiada frecuencia la conciencia humana del artista se comunica en su lugar.

Incluso los artistas que tienen una buena conexión con los maestros pueden cometer un error. En los primeros años de The Summit Lighthouse, Ruth Hawkins, la llama gemela del Maestro Ascendido Pablo el Veneciano, pintó una serie de retratos de maestros ascendidos que han sido auspiciados por ellos. Pero una vez pintó un cuadro de Palas Atenea que estaba completamente fuera de lugar. Madre le dijo: «Ruth, esta nos es Palas Atenea. Has pintado a tu Santo Ser Crístico».

Los mensajeros nos han dicho que muchos artistas que han querido pintar un retrato de Jesús en realidad han pintado un retrato de su propio Santo Ser Crístico. Esto representaba la visión más alta del Cristo a la que fueron capaces de aspirar, pero no alcanzaba el nivel de algo que comunique la plenitud de la bendición del gran maestro Jesús.

A lo largo de los años, muchos artistas trajeron a Madre retratos de varios maestros que habían pintado, buscando su aprobación. Sólo unos pocos recibían la bendición de los maestros como foco a utilizar. Madre decía que prefería ver una pared en blanco y sintonizarse directamente con el maestro a tener una imagen improcedente para transmitir la vibración de los maestros.

Evitando un terremoto

Cuando era bastante nueva en el grupo de estudio de San Francisco, Mark llamó un día en 1967 y dijo: «Estoy de camino a la costa. ¿Me puedo quedar con ustedes en su casa? Hay un terremoto programado en el noroeste del Pacífico y los maestros quieren ver si pueden detenerlo a través de un dictado. Reúne a la gente para una sesión».

Así que llamé a todos y programé una reunión en el Club Marines Memorial. Mark vino y se quedó en nuestra casa. Cuando llegó el momento de marchar al dictado, condujimos a través del Puente de la Bahía en mi Mustang descapotable. A Mark le encantaba conducir ese auto.

Estaba preocupado por llegar tarde y dijo: «Espero que lleguemos a tiempo para el dictado, porque esa bola de fuego se está acercando». Mark podía ver a niveles internos que un campo de fuerza de energía estaba acercándose a la Tierra.

Íbamos a salir de la carretera por la salida de siempre, pero me desanimé al ver que estaba cerrada. Mark estaba apurado, y dije: «Mark, no conozco ninguna otra manera de llegar allí».

Dijo: «No te preocupes, haré que lleguemos allí». Y condujo a través de desvíos y calles secundarias, y logró llegar al Club Marines Memorial a tiempo. Me quedé atónita. Dije: «¿Cómo lo hizo?».

Mark dijo: «¡YO SOY aquí!».

Dije: «Sí, Mark, lo sé. ¿Pero cómo lo hizo?».

Dijo: «Sólo salí de mi cuerpo y miré sobre la ciudad y pude ver adonde ir».

Cuando llegamos al Club Marines Memorial había algo así como una docena de personas. Presentamos a Mark y cantamos unas cuantas canciones y decretamos, y Mark presentó el dictado. Vaivasvata Manú dictó y el terremoto se evitó.

El dictado de Vaivasvata Manú fue dado el 21 de septiembre de 1967. Cuando los maestros dan un dictado a través de un mensajero no es sólo una enseñanza lo que se transmite, también se emite una gran luz. Esta luz puede tener muchos tipos de acciones diferentes en la Tierra. Por ejemplo, puede traer iluminación o sanación a la personas, mucho mas allá de las que están en la sala.

Vaivasvata Manú no mencionó el proyectado terremoto en su dictado. Evidentemente no fue necesario que las personas supieran lo que pudo haber sido. Los maestros a menudo trabajan de esta forma, sin buscar reconocimiento externo, pero contentos de saber que la vida ha sido bendecida por sus servicios.

Este episodio demuestra el nivel de adepto y la conexión de Mark con los maestros y también cómo los maestros pueden utilizar relativamente a pocas personas para evitar una calamidad. Puede que nunca sepamos lo que nuestros rezos logran.

Transfiriendo glifos

Un día en 1967 ó 1968, cuando era muy nueva en las enseñanzas y aún no estaba en el personal, Mark me miró atentamente. Sentí la intensidad de su mirada y me preocupé. Sentí que algo ocurría, y dije: «Mark, ¿qué está haciendo? ¿Qué pasa».

Mark dijo: «Estoy transfiriendo glifos a tu cuerpo etérico».

Mark estaba evidentemente transfiriendo ciertos patrones de energía interna, llamados glifos, al cuerpo etérico de Annice. No le dijo la razón, pero quizás fue algo necesario para su trabajo futuro con los maestros ascendidos. Uno podría especular que estos glifos, por ejemplo, la capacitaron para hacer su parte del trabajo de completar la serie *Escala la montaña más alta*.

El Buda Amitaba una vez describió cómo los glifos en la conciencia de Mark Prophet fueron utilizados para dar los rezos y decretos dinámicos que formaron la fundación de la ciencia de la Palabra hablada de los maestros ascendidos:

> De vez en cuando las personas vienen y dicen: «Volveremos a escribir los decretos; no tienen sentido»; o «Vamos a escribir nuestros propios decretos, ya que nosotros también tenemos talento como poetas». Reconoced que no es mera poesía lo que hace

un decreto, sino ciencia y poesía y los engramas internos de la Palabra.

Estos estaban en el Cuerpo Causal y en los chakras de Mark Prophet desde la antigüedad, en la Atlántida, cuando era maestro de invocación y sacerdote del fuego sagrado. Por lo tanto, a través de estos jeroglíficos y glifos de la mente mantenidos en el aura de este santo —este santo muy humano que estuvo entre vosotros—, varios miembros de las huestes ascendidas dictaron a través de él las fórmulas para la liberación total del mundo que ahora habéis grabado en vuestros libros de decretos.[6]

Los maestros han descrito los glifos de luz como iniciaciones que pueden ser descifradas por la Presencia YO SOY. En *El sendero del Yo Superior*, capítulo 7, leemos acerca de los glifos y cómo los maestros ascendidos utilizan glifos cósmicos transmitidos a través de la Presencia YO SOY para transferir descubrimientos e invenciones a la humanidad:

> Mientras es verdad que el incremento en la población del mundo ha sido facilitado por avances en la ciencia y la tecnología, se debería entender que todos los descubrimientos e invenciones de la humanidad han venido de los Señores del Karma por dispensación especial y que ningún avance de la raza tiene lugar sin su aprobación ni la asistencia de toda la Jerarquía cósmica. El genio creativo del hombre es la chispa de la Mente Crística. Así como Jesús lo sabía muy bien, es el Padre —el Espíritu, el Principio animador— el que acelera la masa de arcilla que por sí misma no puede hacer nada.

Esos destellos de revelación que los grandes de todas las eras experimentan son en realidad glifos cósmicos transmitidos por la Presencia YO SOY a la conciencia externa. Aun así la marcha continua de los empiristas y la constancia súper humana de un Copérnico, un Brahe, un Kepler o un Galileo, quienes han mantenido alta la antorcha de la civilización, reciben dirección y poder desde arriba. Debemos recordar que los milagros y las bendiciones de la ciencia nunca fueron destinados a ser utilizados para someter la llama a la mecanización, sino más bien, por la gracia de Dios, para liberar a la raza de las garras de muerte de una existencia mecánica a fin de que miles de millones de almas puedan tener una mayor oportunidad para resolver su karma, obtener auto maestría, y cumplir con los propósitos de la Vida.[7]

Dama Dorcas

En 1960 el Maestro Ascendido Saint Germain estableció la Fraternidad de los Guardianes de la Llama dentro de The Summit Lighthouse. Para aquellos que querían dedicarse a su causa de guardar la llama de la vida para la Tierra y sus evoluciones, el Maestro prometió su asistencia y patrocinio en el sendero.

En los primeros años de la fraternidad, Saint Germain ofrecía ceremonias de nombramiento de caballero de vez en cuando, donde reconocía a miembros individuales y confería el título de caballero o dama de la llama. Annice recibió esta bendición del maestro poco después de los dos años de encontrar las enseñanzas.

Hubo un tiempo en nuestra organización en que cuando algunos miembros de The Summit Lighthouse fueron iniciados por Saint Germain como caballeros o damas de la llama. En estas ocasiones el maestro daba al estudiante un nuevo nombre interno. Yo fui nombrada dama de la llama el 26 de julio de 1968 por Saint Germain, a través de Mark Prophet. Saint Germain me dio el nombre Dama Dorcas.

Dorcas era una mujer de la antigua iglesia mencionada en la Biblia, en el libro de Hechos. Hacía abrigos y ropa para otros. Ella murió y fue resucitada por Pedro.

La historia de la resurrección de Dorcas es relatada en Hechos 9:36-42:

> Había entonces en Jope una discípula llamada Tabita, que traducido quiere decir, Dorcas. Esta abundaba en buenas obras y en limosnas que hacía.
>
> Y aconteció que en aquellos días enfermó y murió. Después de lavada, la pusieron en una sala.
>
> Y como Lida estaba cerca de Jope, los discípulos, oyendo que Pedro estaba allí, le enviaron dos hombres, a rogarle: No tardes en venir a nosotros.
>
> Levantándose entonces Pedro, fue con ellos; y cuando llegó, le llevaron a la sala, donde lo rodearon todas las viudas, llorando y mostrando las túnicas y los vestidos que Dorcas hacía cuando estaba con ellas.
>
> Entonces, sacando a todos, Pedro se puso de rodillas y oró; y volviéndose al cuerpo dijo: Tabita, levántate. Y ella abrió los ojos, y al ver a Pedro, se incorporó.
>
> Y él, dándole la mano, la levantó; entonces, llamando a los santos y a las viudas, la presentó viva.
>
> Esto fue notorio en toda Jope, y muchos creyeron en el Señor.

Unos años después, Annice descubrió que ella había estado encarnada como Dorcas.

Tengo la costumbre de ser resucitada. Como Dorcas, fui regresada de la muerte por Pedro, el discípulo de Jesús, y en esta vida, como Annice Booth, fui salvada por los mensajeros, quienes me resucitaron después de mi ataque al corazón.

Hice abrigos en esa encarnación como Dorcas, otro hilo

que fue traspasado a esta vida cuando por un período de tiempo estuve encargada de una fábrica de lana, en Minneapolis, que hacía bellas vestimentas para The Summit Lighthouse. A veces los temas de nuestras vidas se repiten.

La palabra hablada y la palabra escrita

Annice comenzó a ayudar a los mensajeros con su trabajo en publicaciones muy temprano en su servicio, incluso antes de unirse a su personal. En esta historia cuenta su primera participación en las lecciones de los Guardianes de la Llama. Comenzó a trabajar con Madre en estas lecciones en 1968.

En 1968 los mensajeros estaban en el *SS Bremen,* navegando hacia Europa, y yo estaba en ese viaje. Madre preguntó si podía ayudarla con su trabajo, y dije: «Por supuesto».

Madre dijo: «Bueno, ven a la cubierta». Había un escritorio listo en la cubierta para nuestro trabajo. Comenzamos a trabajar en lecciones de los Guardianes de la Llama. Había veintiséis publicadas hasta ese punto y Madre me pidió comenzar a trabajar con ella en la lección veintisiete. Dijo: «Aquí hay un dictado de Hilarión para que lo corrijamos».

Estaba horrorizada. «¿Qué quiere decir, corregir?».

«No creerás que cada palabra que Mark dice en un dictado se puede imprimir exactamente como la dijo, ¿verdad?».

«¿Significa que quiere que cambie las palabras del dictado?».

Sentí como si todo mi mundo se venía abajo.

Pero gradualmente lo entendí. Madre me explicó que la

La mística práctica

palabra hablada es diferente a la palabra escrita.

Madre ha hablado acerca del proceso de corregir los dictados y los conceptos erróneos que las personas tienen acerca de esto. A veces tienen la idea de que los dictados llegan por el aire con puntuación y en párrafos. Y en un sentido, puede que así sea, lo cual es una razón importante por la que una gran conexión es necesaria para los que trabajan como correctores. Tienen que ser capaces de sintonizarse con la conciencia del maestro para hacer el trabajo más eficazmente. La palabra escrita es diferente a la palabra hablada, y los matices de tono y énfasis que transmiten tanto significado en la entrega hablada deben ser traducidos por el corrector para comunicar en la página impresa el significado completo de la entrega original.

La mensajera trabajaba con sus correctores para cumplir esta meta. A veces hacía cambios más extensos cuando un dictado era preparado para la impresión. En estos casos explicaba que el maestro que entregó el dictado original colocaría su Presencia sobre ella y dictaría lo que deseaba en la *Perla* impresa, lo cual podía ser más extenso de lo que originalmente había sido entregado ante una audiencia.

El llamado obliga a la respuesta

Una vez en la gira de Europa con los mensajeros, iba en el auto con ellos. Estaba en el asiento de atrás y los mensajeros iban delante. Parecía como si una tormenta fuera inminente y había truenos y relámpagos.

Mark me dijo: «Annice, comienza a hacer el llamado». Era muy nueva en las enseñanzas en ese entonces y no sabía lo que Mark quería decir. Dije: «¿Qué es un llamado, Mark?».

Mark dijo: «¡Comienza a decretar!».

¿Puedes imaginar un mensajero pidiéndome que decrete?

Así que dije: «¿Sobre qué decreto, Mark?».

Mark dijo: «Una tormenta se acerca y quiero dejar atrás esta vía de un solo sentido».

«¿Qué debo decretar?».

«No sabes 'Despeja el camino para los Hijos de la Luz'?».

Tomé mi libro de decretos y comencé a hacer el decreto, suavemente y tímidamente. Aquí estaba el mensajero en el asiento de enfrente, y yo estaba en el de atrás haciendo el decreto.

> *¡Despeja el camino para los hijos de la Luz!* (3x)
> *¡Amado YO SOY!*
> *¡Despeja el camino para los hijos de la Luz!* (3x)
> *¡Toma tu comando!*

> *¡Despeja el camino para los hijos de la Luz!* (3x)
> *¡Emite tu poder!*
> *¡Despeja el camino para los hijos de la Luz!* (3x)
> *¡Envuélvenos cada hora!*

Mark dijo: «¡Dilo!».

Lo que quería decir era: «Annice, ¡dilo más fuerte!».

Continué elevando el volumen hasta que llegué a rugir.

Y luego, de repente, todo estuvo bien. El tiempo se aclaró, el tráfico se despejó y seguimos adelante hacia nuestro destino.

Le pregunte a Annice: «¿Qué aprendiste de esa experiencia?». Dijo: «Aprendí a no tener miedo de dar los decretos cuando el mensajero está presente. El llamado es importante y no tiene que ser el llamado del mensajero».

Qué lección. Mark fue un maestro de invocaciones en la Atlántida, un experto en el arte del llamado y la ciencia de la Palabra hablada. Quizás pudo haber dado un fíat que hubiera partido las nubes y despejado el camino, así como lo hizo en otras ocasiones. Pero esta vez le pidió a Annice que decretara. Él sabía que haría una impresión en ella y que ella recordaría esta lección. Por lo menos Annice aprendió a no cohibirse al decretar en voz alta.

Madre dijo una vez, «Los maestros nos dicen, 'El llamado obliga a la respuesta'. Dice, *el* llamado. No dice que tiene que ser *mi* llamado». Muchas veces las personas contactaban a la mensajera para pedir sus llamados para ellos mismos o por situaciones en el mundo. Eso es parte del trabajo que hacía: hacía llamados e invocaciones en nombre de sus chelas y de toda la humanidad. Pero podía llegar a ser un problema si la gente comenzaba a no hacer sus propios llamados, sino a depender de ella para hacer los llamados en su lugar.

Era como si Mark hubiera dicho a Annice, «tú también puedes hacer el llamado. Tienes una Presencia Yo Soy y un Santo Ser Crístico, y puedes hacer un fíat poderosamente y con los mismos resultados. Puedes llegar a ser maestro. Sólo cumple los requisitos de la ley. Sé sincera y sólo pide por aquello que es lícito, ajusta tus llamados según la voluntad de Dios. No seas tímida. Pon tu corazón en ello. Y para mejores resultados, haz el llamado en voz alta, con voz fuerte».

La historia de Annice me recordó una experiencia que tuve con Madre en 1994. Estaba al teléfono con ella una noche tarde, y estábamos trabajando con un documento, ella en su oficina y yo en la mía. Habíamos estado trabajando todo el día en esta comunicación particular a los centros, que debía salir el día siguiente. Esta debe haber sido nuestra quinta o sexta conversación detallada al respecto ese día. Era un momento estresante y estaba cansada.

Madre comenzó la conversación telefónica con la siguiente declaración: «No puedo encontrar mis lentes. ¡Haz un llamado!». Necesitaba sus gafas para leer el documento que le había enviado por fax y no los podía encontrar entre todas las cosas sobre su escritorio.

Estaba sorprendida. No esperaba esto. ¿La mensajera no puede encontrar sus gafas y espera que yo haga un llamado por ella para algo tan mundano? ¿Por qué no hizo ella un llamado al respecto? ¿Me estaba probando? Por supuesto que lo estaba haciendo. ¿Pero qué significaba? Todo esto pasó por mi mente en un instante.

Primero lo primero. Sé obediente. Me sentí incómoda pero hice un llamado. Con una voz algo suave reuní mis recursos y dije: «¡En el nombre del Cristo, amado Ciclopea, por favor ayuda a Madre a encontrar sus gafas!». Luego Madre dijo:

«¡Gracias! Las encontré. Las tenía justo en frente de mí, sobre el escritorio».

Me pareció entonces que ella era un ser humano igual que yo. Podía perder sus gafas como cualquiera de nosotros. Necesitaba otra persona que la ayudara de vez en cuando. Y no tenía que ser su llamado. Luego seguimos con nuestra labor y acabamos el trabajo.

Aparentemente fue una cosa pequeña comparada con la experiencia de Annice. Pero tuvo un impacto en mí y me ha ayudado a recordar las enseñanzas de Madre: «No es *mi* llamado, sino *el* llamado».

«¡Terminado está!»

En años posteriores, mientras trabajaba en una publicación, Annice a menudo podía escuchar la voz de Madre en las palabras sobre el papel. En una ocasión escuchó la voz de Madre pronunciar las palabras en su mente.

Sin embargo, otro corrector estaba editando esta publicación en particular por segunda vez. Trataba de mejorarla con la mejor de las intenciones, perfeccionarla según su manera de pensar. Pero Annice tuvo la sensación de que se estaba convirtiendo en un libro diferente. Ya no sonaba como Madre, ya no tenía su llama ni su voz. Así que Annice volvió a la versión original del libro. Aquí esta lo que le dijo a ese corrector:

Incluso después de que este libro se imprima puede que encontremos errores o formas en que podría ser mejorado. Pero llega el momento en que debes decir: «¡Terminado está!». Permite que te cuente mi historia «¡Terminado está!».

Sucedió en los días de La Tourelle; y ni siquiera estaba en el personal. Mark me dijo que bajara al sótano para ver la última pintura de Tom Miller. Era una pintura mística del Cristo. Tom estaba allí con sus pinceles, diciendo: «Tengo que hacer esto y retocar aquello y cambiar esto».

De pronto, del mismo éter salio este rugir absoluto de Mark Prophet: «¡TERMINADO ESTÁ!».

Dije: «¡Oh, Dios mío!». Me dejó medio muerta de miedo, pero sabía que era Jesús hablando a través de Mark.

Mark en seguida dijo: «Está bien, Tom, deja el pincel. ¡El maestro ha dicho 'terminado está'!».

Tom dijo: «Pero quiero hacer esto y aquello...».

De nuevo Mark dijo: «¡Terminado está!».

La moraleja de la historia es que uno siempre puede regresar y revisar algo, pero se llega a cierto punto cuando hay que decir «¡terminado está!», y hay que saber cuando es ese punto. De otra forma puedes destruir completamente la emisión original del maestro y la radiación de la emisión, y comenzar a meterte tú en él.

Annice luego le dijo al editor:

Ahora, antes de que hagas más trabajo en este libro, ve y haz Astreas. Olvídate de leer con tu cabeza. Deja que tu corazón lea el libro.

Las publicaciones de The Summit Lighthouse son tan singulares porque contienen la radiación del maestro. Debido a esto, cambian vidas. La meta del corrector es salirse fuera del camino y no entrar en el proceso con el yo humano. Idealmente la mente Crística del corrector debería corregir el libro.

Lo más importante de una publicación es la llama y la vibración de los mensajeros y los maestros. La enseñanza que contiene es vital, pero es la llama y la luz lo que convertirá al alma. Esto es lo que debe verse en la publicación y lo que debería irradiar de las páginas. Es la luz la que atrae al lector y le habla al alma, corazón y mente.

La otra lección de esta historia es el concepto de Morya del factor tiempo. Puedes trabajar en algo constantemente haciendo mejoras humanas, pero si pierdes el ciclo de su finalización la batalla puede ser perdida. Tienes que ser capaz de completar un proyecto para los maestros y sacarlo a tiempo. Annice era muy capaz de esto y lo hizo muchas veces cuando tenía setenta, ochenta años y más.

La oposición más grande a un proyecto está a menudo en la línea de las 11. Puede venir a través de tu propia mente carnal, siempre pensando en mejoras humanas. Necesitamos recordar que hay que buscar y expresar la llama del Espíritu Santo en vez de buscar la perfección externa.

Un par de damas de compañía

Una vez vi una fotografía del personal en La Tourelle y me sorprendió no ver a Annice en ella. Refunfuñó y dijo que la razón por la cual no estaba en la fotografía era que ella y Lester la habían tomado. La experiencia había sido toda una iniciación.

Recuerdo que tuvimos tal problema tomando aquella foto porque todos se movían y no se podían sentar tranquilos. No entré en ella porque estaba detrás de la cámara. Además, aún no estaba en el personal.

Annice conocía a cada cual por nombre y me podía contar todas sus historias. Así que revisamos la lista. Todos parecían estar vestidos de blanco, y pregunté si estaban uniformados. Dijo: «No, probablemente sólo era viernes y se vistieron de blanco».

Le pedí a Annice que me dijera acerca de las otras señoras en la foto.

Yo era más joven que la mayoría de estas señoras. La mayor parte había estado en el movimiento YO SOY y muchas habían estado en el Puente a la Libertad. Marguerite Baker era una profesora y era la historia de ella la que estaba escrita en el libro *Y luego los ángeles vinieron a los niños del primer grado*.[8] Helen McDonald escribió el libro para ella.

Marguerite Baker tenía una amiga llamada Lorraine. Marguerite tenías el cabello en un hermoso peinado de colmena blanca, sin un pelo fuera de su sitio. Su amiga Lorraine le preparaba los trajes, le preparaba el baño y la peinaba. Lorraine decía que en una vida pasada Marguerite fue la reina y ella su dama de compañía.

Mark me dijo que en realidad había sido al revés. Marguerite fue la dama de compañía en esa vida anterior y Lorraine había sido la reina, pero habían cambiado los roles en esta vida. Ese es el riesgo de leer los registros akáshicos.* Puedes sintonizarte con el período correcto pero con el registro equivocado.

Es mejor no pensar en nada de eso. Mejor piensa en la humildad y en ser el siervo del Cristo en todos. Me acuerdo de Mark arrodillado, fregando los suelos con total alegría y humildad.

Las dos damas estaban equivocadas. La que pensó que había sido la reina había sido en realidad la dama de compañía. Pero quizás en otro sentido tenían razón. Es posible que estuvieran haciendo lo que tenían que hacer para saldar su karma y para que cada una de ellas aprendiera a jugar el otro papel. Pero la moraleja de la historia es no tomar tus ideas de tus vidas pasadas muy seriamente. Como dijo Annice: «Mejor no pensar en nada de eso».

---

* Akasha es sustancia primaria, la esencia etérica más sutil, que llena todo el espacio; energía «etérica» vibrando a cierta frecuencia para absorber, o registrar, todas las manifestaciones de la vida.

Un karma que retorna

En algún momento de 1968, o quizás fue al comienzo de 1969, Mark me llamó un jueves por la noche con un mensaje. Dijo: «Morya no está seguro si puede retener a los elementales este fin de semana y quiere estar seguro que estés fuera de la ciudad».

Dije: «Bueno, Mark, tengo una boda de la alta sociedad que realizar». He trabajado bastante para obtener este contrato.

Mark dijo: «¡Dáselo a otra persona, porque Morya te quiere afuera!».

Para entonces Lester estaba al cien por cien en las enseñanzas y era obediente al pie de la letra. Empacamos la mayoría de nuestras cosas más importantes en caso que no quedara un San Francisco al que regresar. Dimos la boda de la alta sociedad a nuestros competidores, nos subimos a nuestro Mustang descapotable y salimos hacia Reno (Nevada). Mark nos pidió que fuéramos a tierras altas y lo hicimos.

Estacionamos en las afueras de un parque de casas móviles en Reno, nos miramos y dijimos: «Bueno, hasta el momento nada ha pasado». Luego, repentinamente, hubo un viento horrible. Sopló furiosamente y volteó tres cuartos de las casas móviles del parque. Mientras observábamos el viento, sabíamos que era la manifestación del karma que retornaba. Pero no nos pasó nada.

Una vez que hubo terminado, fuimos a un teléfono y llamamos a Mark.

Dijo: «¿Que están haciendo?». Le contamos lo que había pasado.

Entonces nos dijo: «Están a salvo ahora. Regresen. Morya necesitaba un cuerpo físico a través del cual los maestros pudieran emitir la energía y quería estar seguro de que sus vidas estaban a salvo».

Dimos media vuelta y condujimos de regreso a casa.

Esta es una historia bastante curiosa. Evidentemente había una acumulación de carga en los elementales que no podían aguantar más, y ésta tenía que liberarse de alguna forma. Annice y Lester supusieron que el mensaje significaba que el proyectado regreso de karma iba a suceder en San Francisco, pero no es como las cosas salieron.

Mark no dio todos los detalles del plan de Morya ni explicó exactamente por qué las cosas pasaron de la forma en que lo hicieron. ¿Fue el regreso kármico desviado a un área donde haría menos daño que si hubiera ocurrido en la ciudad de San Francisco? No sabemos. De cualquier forma, Annice y Lester fueron obedientes al pedido del maestro, y las cosas evidentemente sucedieron como se suponía que lo harían.

A veces los maestros necesitan tener nuestros cuerpos en cierto lugar o necesitan que durmamos en cierta ciudad para que puedan anclar luz allí. En algunas ocasiones Mark le dijo a Annice que fuera a una ciudad y se quedara por la noche. Ella le preguntó qué llamados específicos debía hacer mientras estaba allí. Él le dijo que no pensara demasiado acerca de eso. Si pensaba demasiado al respecto, podría interferir con lo que los maestros estaban tratando de lograr.

Así que la próxima vez que tu avión se retrase retrasado, pierdas una conexión y tengas que pasar una noche no planeada en una ciudad lejana, podría ser oposición a tu misión. O quizás los maestros te necesiten allí para algún trabajo interno.

Uniéndome al personal de los mensajeros

Mientras estaba en Colorado Springs para la Clase de Año Nuevo de 1969, Madre me dijo: «¿Has escrito algo alguna vez? Necesito sacar *Escala la montaña más alta*. Mark insiste en que lo saquemos pronto». Han estado trabajando en ello por algunos años y aún no ha sido publicado. «Si te quedas conmigo por tres meses hasta la próxima clase, sé que podemos terminar este libro».

No sabía qué decir. Se me había preguntado si quería entrar al personal varias veces antes, pero mi esposo y yo siempre citábamos nuestro negocio en California como excusa.

Finalmente Madre nos le pidió a Lester y a mí que fuéramos a su habitación después de la conferencia. Le dijo a Lester: «Tengo que tener a Annice pues o no estoy segura si pueda continuar».

Lester: «¡Madre, deseo que continúe! Por supuesto que puede tener a Annice».

Madre: «Eso significa que estará en el personal».

Lester: «Bien, puede estar en el personal en Santa Bárbara».

Y así vine a trabajar en el personal en 1969. Tres años más tarde, en 1972, finalmente imprimimos aquel libro.*

---

* Mark planeó originalmente que *Escala la montaña más alta* fuera un solo libro con treinta y tres capítulos, pero como más y más material se escribía, se hizo claro que necesitaría ser más de un libro. Los primeros siete capítulos fueron publicados en 1972. Ocho volúmenes adicionales de la serie fueron publicados del 2000 al 2008, completando los treinta y tres capítulos.

Los maestros nos entrenan bien

Acababa de unirme al personal en la Casa Madre y había volado a Colorado Springs dos días antes de la Clase de Pascua para ayudar. Estábamos utilizando la mesa del comedor ovalada de Madre como nuestra área de ventas durante la conferencia. Estaba sentada allí chequeando facturas y arreglando las exhibiciones. Madre vino y dijo: «¿Qué te está molestando querida? Veo que algo te está molestando».

Había estado pensando: «Vendí mi negocio para unirme al personal para servir a los maestros, y aquí estoy haciendo exactamente la misma cosa que hacía en mi propio negocio: ¡chequeando facturas y arreglando las exhibiciones!». Así que le expliqué esto a Madre.

Ella dijo: «Sí, querida. Morya te entrenó bien, ¿no es verdad?».

Lanello dice: «Sí, amados, vuestras tareas, obligaciones y responsabilidades diarias tienen todas que ver con vuestras iniciaciones en esta escalera de la vida. ¡Despachadlas bien!».[9] Incluso nuestro trabajo diario mundano está todo relacionado con cumplir nuestra misión y saldar nuestro karma en esta vida.

Madre estaba señalando que Morya participó en el tipo de

trabajo que Annice había hecho y que era responsable de su entrenamiento, incluso antes de que contactara esta actividad. Este trabajo le sería útil cuando más tarde estuviera sirviendo a los maestros ascendidos y a sus mensajeros. Cuando estamos alineados con nuestro proyecto original interno y el sendero del discipulado, todo se convierte en un escalón a nuestro servicio hacia los maestros y su misión.

Muchos chelas cuando entraron por primera vez al personal fueron colocados en posiciones que no esperaban. Una asignación común era la cocina, o después que nuestra oficina central se mudó a Montana, la cuadrilla de la granja y el rancho. Para algunos que venían de pasados profesionales, esto requería cierta humildad. Estos eran lugares ideales para probar a nuevos chelas. También permitían a estos chelas desligarse de algunas de sus sustancias mundanas, aprender lo básico del sendero y del discipulado, y descubrir cómo llevarse bien con otros chelas.

La cocina podía ser un lugar intenso para trabajar. Requería trabajo de equipo, armonización y conocimientos para preparar una comida saludable e íntegra a una comunidad hambrienta, a tiempo, dentro del presupuesto y con la vibración correcta. Parte del reto de la cocina es que la comida se relaciona con el chakra del plexo solar, así que aquellos que trabajaban en la cocina tenían que mantener un grado de equilibrio para los cuerpos emocionales de todos en la comunidad.

La vibración del alimento era muy importante. Podía afectar la salud, trabajo y armonía de la comunidad entera. Madre le decía al personal de la cocina que en las comunidades espirituales de Oriente, se escogía a los más altos iniciados que eran escogidos para servir en la cocina, ya que su trabajo tenía un efecto muy importante en la salud, tanto física y espiritual, de la comunidad entera.

Aquellos que cocinaban para Madre tenían que ser especialmente cuidadosos con sus vibraciones. Solían ser un grupo especial. Hablaban muy poco mientras preparaban la comida y eran conscientes de mantener su conexión espiritual y poner su amor en todo lo que hacían.

Los maestros utilizan nuestra adaptabilidad

Un día Annice cambió la lista de libros en la que estábamos trabajando debido a que las circunstancias en el departamento de publicaciones habían cambiado. Habló de la cualidad de adaptación cuando explicó su decisión.

Mark compró la Casa Madre en Santa Bárbara en 1969. Mi título se suponía que era «*House Mother** de la Casa Madre». Cuando Mark me lo dijo, reí. Dijo: «No te rías. Sabrás lo que significa».

Y lo llegué a saber. Lo hice todo en la Casa Madre, todo excepto tomar los dictados. Espiritualmente, se suponía que debía de guardar la posición del Cristo en el centro del mándala. Físicamente, limpiaba los pisos, compraba la comida, dirigía los servicios, supervisaba al personal (les «daba palmadas» de aliento cuando lo necesitaban) y estaba involucrada en muchas otras facetas del entrenamiento de los chelas y en el manejo de la Casa Madre. Además, era la tesorera y encargada de las finanzas.

Todo estaba yendo bien. Luego Mark llamó y dijo: «Elizabeth te necesita aquí de regreso en Colorado Springs para terminar *Escala la montaña más alta*».

---

* Madre de la Casa.

Mi esposo estaba en Santa Bárbara y esto era incómodo para nosotros. Tendría que ir y venir entre las dos localidades. Pero dije: «Mark, soy bastante adaptable».

Mark dijo: «Sí, Sra. Booth, y esa adaptabilidad es lo que los maestros pueden utilizar».

Por eso no estaré atada a una lista de libros que escribí yo misma.

Los mensajeros nos han dicho muchas veces que la «movilidad es la señal del chela». Mientras más adaptables y flexibles seamos en nuestras conciencias, de mayor uso somos para los maestros.

El cambio es un hecho en el sendero espiritual. Necesitamos cambiar nuestra conciencia, cambiar nuestro karma, cambiar nuestra psicología. Después de todo, si ya fuéramos perfectos, no estaríamos aquí todavía, hubiéramos ascendido hace tiempo.

¿Cómo nos ayuda el Gurú a hacer los cambios necesarios? Una técnica es cambiar nuestras circunstancias, cambiar nuestras tareas, cambiar nuestra ubicación. Cuando cambiamos lo externo, tenemos una oportunidad de cambiar lo interno también. Estos cambios externos también motivan el desapego a las cosas de este mundo.

La aparente cambiabilidad del Gurú era algo que ocasionalmente molestaría al chela. Si era mal entendido, uno podría pensar que el Gurú era caprichoso, impredecible o hasta errático, pero había siempre un propósito más elevado detrás. Por ejemplo, la mensajera introducía reglas acerca de como quería que cierta tarea fuera realizada. Los chelas pueden lidiar con esto inicialmente, cometer errores, pensar que conocían un mejor camino. Eventualmente, aprendían el sistema.

Lecciones de discipulado

La Casa Madre de los Guardianes de la Llama en Santa Barbara

Y luego, justo cuando parecía que todos estaban cómodos y todo estaba yendo bien, Madre cambiaba las reglas. Esto podía causar cierta cantidad de caos y confusión, pero también significaba que no era posible dar las cosas por sentado o realizar tareas robóticamente y con poca maestría exterior. Era necesario pensar, esforzarse para hacerlo mejor y rodear la tarea con la llama del corazón.

Una cosa que es importante entender acerca del sendero es que hay cosas que funcionan en la relación Gurú-chela que no funcionan en nuestras relaciones con otros ni tampoco en nuestra vida privada o profesional. A veces incluso estudiantes bien intencionados veían a Madre actuando de cierta manera y decidían copiar ese comportamiento con compañeros de trabajo o gente a quien supervisaban. Pero procediendo de la vibración errónea, esto podía fácilmente convertirse en un juego de poder o tiranía sobre los demás.

No podemos jugar a ser gurú. Si lo hacemos, ciertamente saldremos mal parados. La vida nos lanza suficientes situaciones difíciles y circunstancias inesperadas como para que todos recibamos nuestras pruebas e iniciaciones. No hay necesidad de crear recíprocamente dificultades o pruebas deliberadamente.

Morya nos da algunas claves importantes sobre el proceso de iniciación en el capítulo 15 de *El chela y el sendero*:

> No se lo daremos todo hecho a nuestros chelas. Esperamos que nos encuentren por lo menos a medio camino. La avena está en la cuchara. ¡Permitan que aquellos que están hambrientos se inclinen hacia adelante, tomen la cuchara, y se alimenten ellos mismos! Pedimos que la mente del chela se según la mente de Dios. De ahí que nuestro método en la presentación de la ley sea a menudo como el koan de los maestros Zen. Permitimos que el enigma de la razón divina desafíe a la razón humana, para forzar al alma a un nuevo plano, el plano de la base lógica del eterno Logos...
>
> No prometemos hacer por nuestros chelas lo que ellos deben de hacer por sí mismos.

Karma con un miembro del personal

Un día un estudiante nuevo entró en la capilla de La Tourelle por primera vez. Acababa de encontrar las enseñanzas. Después Mark me llamó a su oficina y dijo: «Sra. Booth, ¿le agrada este hombre?».

«Oh sí, Mark. Parece bastante agradable.»

«Bien, eso es bueno, porque seguro que no le gustó la última vez.»

Mark dijo: «Ahora puede volver a su trabajo».

Y ese fue el fin de la conversación.

Este hombre se unió al personal poco después de esto. Más adelante, cuando me enteré de que yo había sido María, reina de los escoceses, supe que él había sido el obispo Juan Knox, el líder de la reforma escocesa. Se había opuesto a la reina Católica con sus discursos inflamatorios.

Mark me dijo: «Ahora has saldado una porción de tu karma». He servido armoniosamente con esta persona con quien tuve un problema en una vida pasada.

Con mucha frecuencia los maestros nos ponen con aquellos con quienes tenemos más karma en vidas pasadas. Esto es especialmente el caso para aquellos que se han comprometido con el sendero y están buscando saldar su karma y hacer su ascensión.

Nuestra capacidad de trabajar juntos armoniosamente con la gente, incluso aquellos con los que pudiéramos tener el karma más intenso, es una prueba clave en el sendero. Estos tipos de relaciones kármicas no son extrañas, pero no es necesario conocer todos los detalles de nuestras previas interacciones, así como Annice no lo supo inicialmente en este caso. Nuestro compromiso con el sendero, con mantener nuestra armonía e invocar la llama violeta para la transmutación del karma nos puede ayudar en el proceso.

Dormir pero no soñar

Un día Annice quería ir a la ciudad a hacer unas diligencias, y sugerí que comenzáramos temprano. Normalmente la recogía alrededor de las diez de la mañana pero en esta ocasión estuvo de acuerdo en ser recogida a las nueve. La llamé a las ocho para estar segura de que estaba despierta. Cuando llamé, parecía bastante soñolienta, y dijo: «Santo cielo, no hay ni luz afuera. Aún no estoy en mi cuerpo. ¿Siempre te levantas tan temprano en la mañana?».

Cuando fui a buscarla todavía estaba un poco fuera de sí. Le tomó incluso un rato para que su voz se reanimara. Y estaba riéndose y recordando por qué no se levantaba tan temprano. Simplemente no funcionaba para ella.

Cuando duermo voy a algún lugar lejano y muy profundo. No sé adonde voy, pero es lejos.

Una vez Madre y yo estábamos hablando acerca de sueños. Dije: «Bueno, Madre, yo simplemente no sueño».

Madre me dijo: «No, querida, estás fuera de tu cuerpo enseñando en los retiros».

Me quedé estupefacta. Aún era bastante nueva en las enseñanzas y nunca me acordaba de haber ido a los retiros. Ni pensaba que era una instructora. Pero estaba enseñando en el interior antes de saberlo en el exterior.

Para cuando llegamos a la ciudad, Annice estaba bien y lista para tomar su desayuno. Esa fue la última vez que levanté a Annice tan temprano. Me dolió verla tan afligida y funcionando con dificultad.

¡No confíes en nadie!

En mis primeros años en el personal en La Tourelle pasé por mi fase ingenua: era demasiado confiada y daba a las personas el beneficio de la duda. Confiaba en todos.

Mark me dijo un día: «Sra. Booth, Morya quiere que le diga, *No confíe en nadie. Confíe sólo en Dios*».

Esta fue una instrucción personal de Morya para mí, privadamente.

Era evidente que el maestro se estaba interesando en su chela y estaba utilizando a su mensajero para instruirla. La declaración de Morya fue corta y directa.

Annice aceptó las palabras del maestro en serio. El mensaje fue sólo de dos oraciones cortas, seis palabras. Pero ella sopesó esas palabras y las aplicó a su vida.

En años posteriores nadie nunca hubiera llamado jamás a Annice ingenua o demasiado confiada. Pero Morya quizás podía ver que Annice era demasiado confiada en esta etapa de su vida y que esto podía ponerla en problemas en el futuro. Más tarde trabajaría con personas de los grupos de estudio y centros de enseñanza de todo el mundo. Necesitaría ser un estudiante de la naturaleza humana, para desarrollar su intuición y mente Crística y aprender a no ser sorprendida por el yo irreal o la mente carnal de cualquiera. (Ya que todos tenemos un yo irreal, la parte negativa de la conciencia, que es conocido en la lectura esotérica como el morador del umbral.)

Se nos ha dicho que los maestros son capaces de observar a sus estudiantes, de ver sus auras y de saber en un instante lo que están manifestando (para bien o para mal) y lo que puede faltar. El maestro puede interceder, especialmente si el chela ha hecho decretos para que el maestro tenga la energía espiritual en reserva para usarla en momentos difíciles. Años más tarde, Morya explicó que su intercesión por sus chelas se basa en un «pagas a medida que avanzas». Tenemos que darle la energía que necesita para que pueda interceder en nuestras vidas. Por lo tanto, a sus chelas les encanta hacer su decreto 10.03, «YO SOY la Voluntad de Dios».

Lanello explica cuánto puede significar para nosotros tener la asistencia de uno de los maestros ascendidos en nuestras vidas:

> Amados, muchos de vosotros sois aún frágiles. Muchos de vosotros requerís nuestra presencia sustentadora. Trabajáis fuerte con vuestros decretos y en vuestro servicio, pero no tenéis el sentido de la medida sobre cuánta fortaleza y protección recibís, no sólo de nosotros, sino de los santos ángeles y muchos maestros ascendidos.
>
> En un sentido de la palabra, os podéis considerar como hijos e hijas de Dios maduros, con gran conocimiento del Sendero y en otro sentido de la palabra, como bebés recién nacidos aún en incubadoras, sin ser capaces de vivir fuera de esas incubadoras hasta que estéis fortalecidos.
>
> Así, hay un lado de la naturaleza que es frágil, hay un lado de la naturaleza que es fuerte. Y de nuevo,

amados, es relativo, de manera que no sabéis cuando estáis débiles y no sabéis cuando estáis fuertes.

Por ende, los maestros ascendidos venimos y os consentimos, pero no os mimamos. Y somos intensos en desafiaros cuando os permitís expresar el yo irreal. Esto no puede pasar desapercibido. Esto no puede pasar sin disciplina. Esto merece unos azotes cósmicos porque todos vosotros sois bien conscientes y todos vosotros sois capaces de hacerlo mejor.[10]

Las ropas de bebé que encogían

Cuando Madre era joven y Sean [su primer hijo] era un bebé, sus tías de Suiza enviaron ropas de bebé hermosas: un ajuar tejido a mano con botitas, gorros, suéter y frazada.

No tenía mucho dinero en ese entonces así que estaba muy contenta con el regalo. Los mensajeros tenían un grupo de personal muy pequeño y la asignación que Madre recibió de Morya era escribir. La lavandería fue dejada a uno de los hombres, quien no estaba acostumbrado a lavar la ropa. La hermosa ropa de bebé tejida en lana salió del ciclo caliente en la lavadora y secadora como un juego perfecto de ropa para muñecas. Madre estaba totalmente destrozada. Lloró por días. Nada así había pasado antes y estaba desolada.

Las tías enviaron otro juego. (Con mucho tacto no les había dicho lo que había pasado al primero.) Otra vez hubo otro juego de ropa de muñecas. Estaba desconsolada y lloró otra vez.

Después de un tiempo, Morya le dijo: «¿Cuánto tiempo vas a permitir que esto te moleste? La fuerza* sabe exactamente tu punto de vulnerabilidad y lo repetirán cada vez hasta que lo

---

* Un término taquigráfico usado para describir fuerzas de la oscuridad y jerarquías falsas del mal, generalmente ángeles caídos y espíritus malévolos desencarnados que habitan en el plano astral.

superes y no reacciones más».

Madre decidió que pasara lo que pasara con el lavado, no se molestaría. Aprendió a no reaccionar sino a hacer el llamado sobre la energía. Y por supuesto, nunca sucedió otra vez. Las tías comenzaron a tejer en nylon y acrílico, y el personal dejó de echar la ropa de bebé en la lavadora. En la medida en que la fuerza sabe que reaccionamos a un punto de vulnerabilidad, tocan la misma melodía al piano.

Esto me recuerda la historia de Clovis en la época de los jefes tribales en Francia. Clovis fue una encarnación de Mark, y Clotilde, su esposa en esa vida, fue una encarnación de Madre, su llama gemela. Clovis fue el primero en unificar las tribus y logró esa meta a través de las oraciones intercesoras de su esposa. Prometió convertirse en un cristiano si ganaba la batalla. Su esposa rezó, la batalla fue ganada y toda Francia se hizo cristiana.

A menudo son los pequeños detalles de la vida los que más nos pueden fastidiar. No sé por qué esta historia le recordó a Clovis y Clotilde a Annice. Pero Madre fue una mujer quien hace varios siglos había sido una reina cuyos rezos fueron responsables por la unión de Francia y la conversión de la nación al Cristianismo. En esta vida tuvo una misión en todo el mundo para los maestros ascendidos. Sin embargo aquí estaba, molesta por algo tan mundano e inconsecuente como el encogimiento de la colada.

Las pruebas de la vida a menudo vienen en nuestro punto de vulnerabilidad, y las fuerzas de la oscuridad siempre parecen saber cuál sea nuestro punto más débil. La fuerza había averiguado exactamente cómo hacer que Madre perdiera su armonía. Pero tan pronto como decidió que no iba a caer en la trampa, la cosa dejó de suceder.

Los maestros a menudo nos enseñan lecciones utilizando las circunstancias y oportunidades simples de cada día de nuestras vidas. A veces tenemos la idea de que las iniciaciones en el sendero espiritual deberían venir en grandes formas: batallas ganadas y dragones muertos. Pero con mayor frecuencia vienen a través de nuestras aparentemente ordinarias tareas y asignaciones diarias. Es esencial que prestemos atención a estas cosas en el sendero, que las realicemos bien y lo mejor que podamos.

Un fenómeno interesante que ilustra esta historia es que los que trabajaban alrededor de la mensajera tenían que tener cuidado con su estado de conciencia y la forma en que realizaban tareas. La mensajera llevaba un aura de luz intensa y los maestros utilizaban su aura para anclar la luz para el planeta. Esta luz a menudo causaba una reacción en los que la rodeaban. No era algo fuera de lo común que gente normalmente eficaz y capaz se volviera torpe o algo incompetente en su presencia cuando su luz contactaba y agitaba la densidad en sus propias auras, irritándolas o haciéndolas menos funcionales.

Necesitamos rezar por aquellos que trabajan con nosotros o para nosotros, especialmente si están ayudando en proyectos para los maestros. Pueden ser sinceros y dedicados, profesionales en sus campos, pero si no están acostumbrados a la luz, puede haber una reacción. Podemos pedir que nuestra propia luz o la luz de los maestros no les incomode ni les moleste.

Salvada para el Summit

Siempre me desconcertó el por qué nunca había encontrado ninguna otra actividad de los maestros ascendidos antes de entrar a The Summit Lighthouse. Cuando estaba en la universidad en los años treinta había un bello Templo YO SOY en Oakland, a veinticinco millas [40 km] de donde vivía, pero nunca oí hablar de él y nunca asistí. Nunca había oído hablar de la actividad YO SOY.

Un día le dije a Mark: «Mark, no puedo entender por qué otras personas han estado en el Puente a la Libertad y la actividad YO SOY y sin embargo nunca he oído hablar del YO SOY».

Mark dijo: «Morya te tenía marcada para esta actividad. Si hubieras estado en cualquier otra, había tanta discordia y calumnia que podrías haberlo dejado por completo. Morya te aisló de todos los otros grupos y te guardó para The Summit Lighthouse».

Los maestros ascendidos son planeadores a largo plazo. Conocen a sus chelas antes de que estos encarnen y amorosamente los sustentan y cuidan de ellos. Los maestros nos dicen que escogen el momento cuando permiten a sus chelas contactar con sus actividades externas. No los pueden enviar a un grupo donde hay riñas y calumnias y luchas internas.

Preferirían que se queden en su casa y estudien las enseñanzas a solas antes que arriesgar perder un alma querida que pueda ser alejada del sendero durante una vida por una mala experiencia con un grupo. Así que con frecuencia esperan hasta que sus chelas estén más fuertes antes de enviarlos a conocer a otros chelas.

El Morya una vez nos dijo a través de Madre que nuestra victoria depende de la armonía absoluta dentro de nuestros grupos y dentro de la organización como un todo. Si la armonía está presente, entonces podemos —lo haremos— magnetizar a muchas almas de luz maravillosas que están buscando estas enseñanzas. Pero podríamos realmente impedir el éxito de la actividad de los maestros ascendidos si permitimos la discordia, los celos o compitiendo para que el poder se manifieste. Incluso pequeños disgustos entre miembros puede afectar el éxito del grupo.

¿Entonces qué podemos hacer si tenemos karma con otras personas en un grupo? ¿Qué podemos hacer si tenemos dificultades manteniendo nuestra armonía con otro?

La solución es colocar nuestra atención en el Santo Ser Crístico de la otra persona y en hablar con él. Cuando colocamos nuestra atención sobre el corazón de otro y nos acordamos de que Dios vive en ese corazón, podemos ser sanados en una forma profunda y veremos la grandeza en otro chela.

Este concepto nos da una nueva percepción de la enseñanza de Jesús, «de cierto os digo que en cuanto lo hicisteis a uno de estos mis hermanos más pequeños, a mí lo hicisteis».[11]

La vela encendida

Acababa de comprar unas velas. Sabía que Annice raramente utilizaba velas y me preguntaba por qué. Annice dijo: «Saca tu libreta de notas y deja que te cuente mi historia de la vela con Madre».

Madre siempre tenía una vela encendida en la mesa en la cual trabajaba. Un día Madre y yo estuvimos en la Torre en La Tourelle. Ella tenía una vela de cuarenta y ocho horas encendida, que había sido un regalo de Navidad. Era cuadrada, de cuatro pulgadas de lado y ocho pulgadas de alto [10 x 10 x 20 cm].

Nos llamaron a Madre y abandonamos nuestro trabajo dejando la vela encendida, ya que no esperábamos ausentarnos por mucho tiempo. ¡Por alguna razón decidí regresar a la Torre después de un ratito y me horrorice al encontrar que la vela se había volteado y todo el escritorio estaba en fuego!

Pedí ayuda y corrí a buscar una toalla mojada al baño de Sean. Tiré la toalla sobre todo y logramos apagar el fuego. Mojé algunos de los escritos de Madre, pero salvamos la Torre.

Mark vino y nos dijo que la fuerza estaba furiosa. Recién habíamos estado trabajando en los capítulos de *Escala la montaña más alta* que tratan de la magia negra y el Armagedón. Madre y Mark hicieron una limpieza. Mark enseñó que la magia negra puede causar incendios.

Mark dijo que en este caso fue el propio Lucifer quien había provocado el fuego, buscando interferir con el trabajo de los maestros. En otras ocasiones han sido miembros de la Hermandad Negra India quienes han trabajado para provocar los incendios.

Estos magos negros de Oriente han alcanzado la maestría de controlar a los elementales y hacer que actúen contra los hijos de la luz. Trabajando con jerarcas falsos a niveles internos, aprisionan a las salamandras de fuego gracias a la magia negra y el mal uso de la ciencia del mantra. Los envían para que lleven a cabo sus maldiciones, causando calamidades, accidentes e incendios.

Los incendios pueden tener muchas causas, por supuesto. A veces son accidentes o son simplemente causados por el descuido humano. A veces los fuegos forestales son un medio dirigido por Dios para que los elementales limpien registros de discordia de la humanidad y purifiquen la Tierra a través del mismo elemento fuego. Pero cuando había un incendio amenazando nuestra comunidad y Madre sentía que no era el trabajo de Dios sino una manifestación de las fuerzas de la oscuridad, a menudo descubría que era la Hermandad Negra India la que estaba detrás.

Esto destaca la importancia de nuestros llamados para la protección del Arcángel Miguel cuando estamos en el sendero. Si queremos avanzar en el sendero del discipulado, si deseamos mantener una mayor cantidad de luz y realmente hacer una diferencia en el planeta, las fuerzas de la oscuridad no estarán contentas al respecto. Necesitamos sellarnos a nosotros mismos y nuestro trabajo con la protección de los ángeles del primer rayo. Madre ha dicho en muchas ocasiones que los maestros sólo nos pueden dar tanta luz como podamos proteger y mantener en armonía.

Mark actúa como un tonto

Madre dijo que mucha gente ama al maestro ascendido Lanello con pasión, pero que no les hubiera gustado Mark Prophet para nada si lo hubieran conocido en persona. En realidad, Madre dijo que algunas personas no podían soportar a Mark.

En una conferencia Mark estaba dando una hermosa charla esotérica, cuando de repente comenzó a trastabillarse y casi convertirse en un torpe idiota parado allí en el podio. Después de un rato un hombre en la audiencia se paró y se marchó. Desde mi perspectiva no lo podía culpar, ya que la presentación de Mark se deterioró significativamente. Después de que este hombre saliera, Mark continuó dando su bella charla.

Me pareció que Mark había hecho esto deliberadamente. Cuando todo hubo terminado, a la conclusión del dictado que siguió, dije: «Mark, ¿por qué razón extraña hizo eso?».

Mark explicó: «Bueno, él no debía estar aquí para el dictado, así que tuve que deshacerme de él de alguna forma. Morya no quería que escuchara su dictado».

¿Por qué Morya no quería que este hombre escuchara su dictado? Una explicación posible se encuentra en un dictado de El Morya de 1985. El maestro dijo:

Nuestros dictados no están destinados para aquellos que están en el mundo y que aún no se han acercado al nivel de estudiante. La exposición de la Ley y la Luz y la emisión de las dispensaciones son absolutamente esenciales, y así es la adaptación y la interpretación de esa Palabra por el Espíritu Santo a través de vosotros para quienes deben recibir de vosotros aquello que pueden tomar de esta Palabra.[12]

Otra razón posible es que el campo de fuerza en donde un dictado sucede es tierra sagrada y necesita ser protegido. El mensajero debe mantener su conexión con la Presencia YO SOY y con el maestro que está a punto de hablar. Esto es un proceso delicado, y así es la entrega de la bendición que los maestros emiten durante un dictado. Hay un campo de fuerza de filigrana de sustancia luz que se forma en la sala, que los maestros utilizan para emitir su luz.

La presencia de las personas que no apoyan lo que va a suceder puede ser un estorbo a la entrega de un dictado. Pueden ser focos de oscuridad o energía negativa que podrían interferir con la recepción de un dictado o la entrega de la luz que el maestro quiere anclar en el mundo.

En una ocasión, cuando Mark estaba entregando un dictado en un pequeño santuario en la ciudad de Nueva York, una dama de la congregación decidió que tenía que pararse e irse en medio de éste porque tenía que tomar un autobús. Esto causó tanto trastorno en el campo de fuerza que el hilo de contacto con el maestro se rompió y el resto del dictado se perdió.

Es una gran bendición presenciar para un dictado de uno de los maestros ascendidos, y también una gran responsabilidad. Cada uno de los presentes tiene la responsabilidad de crear el cáliz en el cual los maestros puedan emitir su luz. Podemos entender a raíz de esta historia un aspecto del cuidado que los maestros colocaron en preparar aquel cáliz.

Podemos ver también que Mark era verdaderamente un maestro Zen, como El Morya. Estuvo dispuesto a ser un «tonto por Cristo»: actuar como un tonto y ser mal interpretado para ser obediente a su maestro.

«No puedo» significa «no lo haré»

Una vez le dije a Mark: «¡No puedo!». Entonces él me dijo: 'No puedo' significa 'No lo haré'».

Las palabras «no puedo» se refieren a nuestra capacidad —o nuestra percepción de nuestra capacidad— para terminar un trabajo. Mientras es importante ser prácticos y tener una evaluación realista de lo que Saint Germain llama «el ámbito de lo posible», también a menudo las palabras «no puedo» vienen de la mente humana que planta su pie en el suelo y se niega incluso a intentar hacer lo que es necesario. «No puedo» significa que no estoy dispuesto ni tan siquiera a intentarlo.

Es siempre el yo inferior quien dice: «No puedo». Porque, ¿no es cierto que Dios puede hacer cualquier cosa? ¿Y no es nuestro Yo Superior uno con Dios? ¿Y no es todo posible si somos uno con Dios y ese Yo Superior? Así, el «no puedo» es a menudo el yo humano que se niega a llegar más alto, no deseando trascender, no estando dispuesto a llegar a ser uno con Dios, quien haría todas las cosas posible.

Madre y Mark a menudo daban tareas muy difíciles a las personas, cosas que a veces parecían humanamente imposibles de lograr. Y de verdad eran humanamente imposibles. De eso se trataba. El chela tenía que entregar su dependencia del yo externo y confiar en Dios para cumplir la tarea.

Lecciones de discipulado

Algunas personas se tomaban estas pruebas como iniciaciones en el sendero y a través de ellas encontraban los medios de llegar más alto y verdaderamente trascender. Otras, sin entender la naturaleza de la iniciación o quizás sin tener el corazón de un chela, desarrollaban un sentimiento de injusticia. Pensaban que era injusto que se les pidiera hacer más de lo que creían que podían hacer.

Otra estrategia que los mensajeros utilizaban para ayudar a un chela a avanzar en el sendero era hacer que ese chela se cambiara a un nuevo trabajo o a una tarea diferente de la que el chela prefiriera. Esta era con frecuencia una tarea directa de un maestro para poner a prueba el alma. Puede que el chela necesitara desarrollar maestría en un rayo diferente, o quizás fuera necesario un nuevo campo de servicio para equilibrar un elemento particular del karma.

Annice, como chela con experiencia, rara vez o nunca rehusó una asignación de los mensajeros. Siempre estaba dispuesta a tomar una nueva tarea y hacerlo lo mejor que pudiera. Conocía sus limitaciones pero estaba dispuesta a exigirse y a confiar en que Dios sería el hacedor, incluso cuando su yo humano no fuera suficiente para la tarea a realizar.

Un elemento clave del discipulado, según lo enseñaban los mensajeros, era estar dispuestos a hacer lo que fuese necesario en el momento, lo que tuviera que hacerse para completar el trabajo de los maestros, ya fuera clasificando el correo, cocinando una comida para el personal, limpiando los cuartos o estableciendo una librería. Que una tarea fuera aparentemente importante o despreciable no cambiaba nada. Uno tenía que estar dispuesto a servir según la necesidad del momento. Esto es lo que significaba ser un miembro del personal de los mensajeros en un momento de entrenamiento, prueba y discipulado.

Mark descubre una vida pasada y no está contento

Un día Mark supo por Morya que había encarnado como el rey francés Luis XIV.

Mark estaba horrorizado. Me dijo: «Sra. Booth, Luis XIV no fue un *hombre moral*».

Mark acentuó y enfatizó las palabras «hombre moral», y Annice lo imitó diciéndolo.

Traté de consolarlo diciendo: «Bueno, Mark, usted lo es ahora».

Mark dijo: «Eso no lo compensa».

Eso realmente lo movió.

Inspira humildad escuchar este episodio de la vida de nuestro mensajero. Los Dos Testigos, Mark y Madre, encarnaron cargando sus karmas y, como es mencionado en la Biblia, «vestidos de cilicio».[13] Cualquiera de nosotros, incluso un mensajero, puede tener una vida pasada de la cual no está orgulloso. Esto nos recuerda que no debemos tomarnos a nosotros mismos o nuestras vidas pasadas, buenas o malas, muy seriamente. Lo que importa es lo que hacemos con el presente.

Madre dio una revelación interesante de la vida de Luis XIV en una charla que dio en 1981. Explicó que Luis estuvo sometido a intrigas de la corte proyectadas contra él, y también a magia negra e incluso a satanismo. Todo esto contribuyó a que sucumbiera a las seducciones de un número de amantes, la causa del remordimiento de Mark.

Este tipo de cosas pudieron habernos sucedido a cualquiera de nosotros en una vida pasada. Podríamos haber tenido buenas intenciones y buscado traer la verdad e iluminación a nuestro prójimo, pero sin la fortaleza de oponernos a las fuerzas de la oscuridad que se oponían a nosotros y a nuestra misión. Si queremos conseguir nuestra ascensión en esta vida debemos vencer ese karma, como los mensajeros han hecho. Y en este día los maestros nos han traído las herramientas espirituales que necesitamos para defender nuestra misión y nuestra meta que es la reunión con Dios.

Los defectos de Luis XIV no son la historia completa de su vida. Fue conocido como el Rey Sol por una buena razón. Quiso traer una era dorada a Francia y el gran palacio y jardines de Versalles son una representación del recuerdo que tenía de su alma de la cultura y la belleza de Venus.

Una comida para dos reinas

Una vez había un joven en el personal que había tenido y gestionado un restaurante macrobiótico antes de encontrar Summit. A Madre le encantaba la comida que cocinaba para ella. Cuando él estaba a punto de irse de vacaciones, le dijo que me enseñara a cocinar un plato en particular que era el favorito de ella.

Cuando se fue cociné esta comida en un sartén: arroz que sobró y zanahorias, tahini y salsa de soya y otros pocos y pedazos. Estaba sentada con Madre en la cocina comiendo esta comida y masticando, cuando Madre me dijo: «Eres simplemente la mejor cocinera macrobiótica que jamás haya visto. Esta es una comida para dos reinas».

Bueno, la primera vez que Madre dijo esto, no le hice caso; pero luego lo dijo otra vez. Y finalmente me dijo: «Sólo tendré que preguntarle a Mark quien fuiste».

Justo en ese momento Mark entró en la cocina cuando iba de camino a otra parte de la casa. Así que Madre le preguntó: «¿Mark, quién fue ella? Sé que es una reina sentada en esta mesa».

Mark dijo: «Oh, fue Vashti». Y salió por la puerta, así de simple, dejando a las dos mirándonos la una a la otra. Nunca habíamos oído hablar de Vashti. Así que buscamos en la Biblia.

Vashti fue la reina del rey Ahasuerus de Persia, quien fue Jerjes. Ella gobernó sobre un gran reino y se decía que era muy bella. Un día hubo un enorme banquete y los hombres, que se estaban emborrachando, dijeron al rey: «Trae a tu bella esposa aquí para que la podamos mirar. Queremos ver lo bella que es».

Vashti se negó a exhibirse ante un grupo de hombres borrachos y declinó asistir. Aparentemente había un grupo minoritario de gente judía en el reino y utilizaron la ocasión para conspirar contra ella. Le recordaron al rey que el castigo por desobedecer la orden del Rey era la pena de muerte.

Esto puso a Jerjes en una horrible situación. El rey realmente la amaba, pero tenía que obedecer su propia orden o perder prestigio y el respeto y control de su gente. Así que en vez de mandarla matar la exilió y colocó a Esther, una mujer judía, en su lugar como reina.

Annice me dijo que más tarde Esther encarnó como Mary May, hermana de Annice. Y ahí está la historia de dos hermanas.

Annice era la mayor de tres hermanas. Con la del medio no se llevaba particularmente bien, y la más joven era la reencarnación de Esther. Su hermana pequeña la admiraba. Annice pensó que era la cosa más linda, y se llevaban bien.

Mark dijo que Vashti había sentido rencor hacia Esther por haberle quitado su reinado, y su karma requería que las dos nacieran en la misma familia para experimentar la rivalidad de hermanas y la enemistad entre miembros de la familia, lo cual es una seña frecuente de karma y enredos kármicos. Sin embargo, las relaciones dentro de una familia también proveen la oportunidad de saldar mucho karma a través de amor y servicio mutuo. Mark estaba encantado de saber que Annice se llevaba tan bien con su hermana menor y dijo que esto era una señal de que había transmutado su karma de la vida de Vashti y Esther.

La vida de Vashti no fue la única vida en la que Annice estuvo encarnada como reina. En años posteriores un Guardián de la Llama llamó a Annice por teléfono y dijo: «Probablemente no me recuerdes, pero yo te conozco. ¿Me podrías aclarar una duda? ¿Fuiste María, reina de los escoceses, y la reina Victoria?».

Annice estaba atónita de los rumores que corren en nuestra pequeña comunidad y sorprendida de la audacia de esta persona en hacer tal pregunta. Sin embargo, respondió: «Los mensajeros confirmaron que fui María, reina de los escoceses. En relación a la reina Victoria, no lo sé. Los mensajeros no me dijeron eso».

Nadie parece saber donde comenzó la idea de que Annice había reencarnado como la reina Victoria. No comenzó con Annice y no parece ser algo que Mark o Madre hubieran dicho. Unos años antes, cuando Annice viajaba a Europa con los mensajeros, estaban en la cubierta del *SS Bremen*. Mark y Madre se miraron y dijeron: «¡Oh, ya sé quien fue!». Pero luego dijeron: «Morya dice que no te lo podemos decir». Así que probablemente Annice nunca llegó a saber qué fue esa vida.

Ella fue un cardenal

Un día Mark estaba hablando a un miembro del personal cuando entré en la habitación. Mark dijo: «Ohhh. ¿Ves lo que veo? Ella fue el cardenal Mazarino».

Fue de esta manera tan informal como Mark me dijo quién fui en la época de Luis XIV. Este cardenal crió al joven Luis hasta los catorce años y le enseñó a reinar.

Era muy afortunada de tener a Mark para explicarme cosas. Mark generalmente me decía todo lo que me tenía que decir delante de los demás, a menudo enfrente de todos. Aprendí a no tener apego, porque nunca sabía si iba a ser bueno o malo.

A veces hay una transparencia del velo y nuestras vidas pasadas pasan a un primer plano. Y debe haber sido el momento en que para Annice debía saber acerca de esta vida anterior.

Fue una bendición para Annice conocer a Mark. Él tenía la capacidad de ver más allá del velo. En esta ocasión, cuando Dios le mostró una de las vidas pasadas de Annice, la compartió con ella y con otro chela, que también tenía esta visión interior.

Uno podría pensar que sería interesante o tal vez incluso útil saber quién fue uno en una vida pasada. Sin embargo, puede no serlo tanto. Una vez que conocemos una vida pasada, el karma de esa vida se abre y tenemos que lidiar con él. Si estamos preparados, hay la oportunidad de transmutar aquel karma e integrar más conscientemente las lecciones aprendidas y los momentos positivos de aquella vida. Si no estamos preparados, la carga de los registros y el karma pueden ser un obstáculo a nuestro servicio en esta vida.

Esta es una razón por la cual es mejor no sondear en nuestro pasado. Hay una razón para la existencia del velo del olvido que nos aísla de los registros de muchas vidas. Los maestros nos mostrarán lo que necesitamos saber cuándo estemos listos y cuando sea de ayuda en nuestro sendero. Pero mantienen muchas cosas selladas de nosotros cuando no estamos listos para lidiar con ellas.

Annice no estaba orgullosa de sus vidas pasadas. Sabía que no importa quién fuimos; todos hemos tenido vidas famosas y no tan famosas. La lección es no apegarse. Lo importante es saldar nuestro karma y hacer las cosas lo mejor posible en esta vida para conseguir nuestra reunión inmortal con Dios.

Un viejo marinero

En una ocasión Peter y yo estábamos agobiados, cuando un ex miembro de nuestra organización envió un correo electrónico a todo el mundo criticándonos. Entre otras cosas, esta persona afirmaba que Peter y yo habíamos encarnado como el Emperador Romano Justiniano y su esposa Teodora. Los mensajeros habían dicho de estas dos personas que eran caídos que habían pervertido las verdaderas enseñanzas del Cristo y recreado la iglesia Cristiana para satisfacer sus ambiciones políticas.

La persona que escribió la carta afirmaba ser un mensajero y también afirmaba ser la encarnación de Serapis Bey, así que no tomamos su acusación demasiado en serio. Pero la carta estaba llena de ira y veneno, y nos sentíamos agobiados por la energía y el peso de la oscuridad de la falsa jerarquía que estaba trabajando a través de este individuo. La crítica colgaba como una carga pesada sobre nosotros, eliminando cualquier sentimiento de alegría en la vida.

Annice me habló de «revertir la marea» de esta energía: de no aceptar las maldiciones y magia negra que figuraban en la carta, de no aceptar la energía negativa y pedir que fuera devuelta al que las envió. Hicimos esto, pero aún estábamos agobiados. La energía hacía difícil el pensar, funcionar bien e incluso hacer nuestro trabajo.

En una reunión sobre publicaciones con Peter y yo, Annice sintió la energía que estábamos sintiendo. Entonces me dijo que sacara mi cuaderno, y nos habló a los dos:

El hecho que los llamara Justiniano y Teodora no tiene importancia. Aún si lo fueron, Uds. no son esas personas ahora. Ustedes son el Rev. Peter Duffy y la Rev. Neroli Duffy, ministros de la iglesia.

Permítanme decirles lo que Mark una vez me dijo acerca de una de mis vidas pasadas. Nunca me llevó a un lado para decirme estas cosas a mí sola. Esto fue frente a una sala llena de personal.

De repente Mark me dijo: «¡Oh, Dios mío! Sra. Booth, puedo ver que fue un viejo marinero. Estaba casi lista para su ascensión e hizo tanto karma en esa encarnación que nos alivió saber que no iba a ser alejada de nosotros.

«Cualquiera de las malas acciones que asocie con un marinero, las hizo todas. Tenía la boca más sucia, los puños más diestros, tenía una mujer en cada puerto. ¡Todo lo que la identificara con un marinero de la peor manera, eso fue usted en aquella vida!».

Annice rió recordando el incidente.

Estaba mortificada, pero tuve la tranquilidad para decir, «Gracias, Mark».

Annice pasó a decirnos cómo manejar la situación que estábamos afrontando.

¡En vez de ser doblegados por la energía, continúen en

movimiento! No saben si lo fueron. Probablemente no lo fueron. Pero aunque lo fueran, ahora ya no son esas personas. Estas son proyecciones. Inviértanlas. Las declaraciones que fueron escritas no son nada más que una maldición. Pase lo que pase, es sólo un montón de tonterías.

Mark me decía de vez en cuando: «Recuerda ese viejo marinero». Me mantuvo humilde. Me recordaba que somos quienes somos, a pesar de lo que pensamos que somos. No somos nuestras vidas pasadas. Somos inmortales, seres libres en Dios. Somos la misma alma utilizando diferentes tipos de ropas a lo largo de los siglos.

Si todos hubiéramos tenido sólo encarnaciones santas estaríamos ascendidos y no aquí. Los ángeles caídos tratan de mantenerlos atrapados. A cambio, deben decir: «¿Qué es eso para ti? ¡Sígueme!». Díganlo mil millones de veces si necesario.

Uno nunca sabe lo que ha hecho en una vida pasada, bueno o malo. Solamente un mensajero pude saberlo con seguridad, y en el momento en que estábamos lidiando con estas acusaciones, nuestra mensajera estaba retirada y no podíamos preguntarle. E incluso si le hubiéramos preguntado, bien podría simplemente haber dicho exactamente lo que Annice nos dijo. Porque al final, no importa quién fuimos o lo que podamos haber hecho en una vida pasada. Lo que importa es lo que hacemos con las oportunidades de esta vida.

Más tarde nos dimos cuenta de que no encarnamos como Justiniano y Teodora. La mensajera había dicho que Teodora pasó por los pasillos de The Summit Lighthouse hacía muchos años y se fue. Aunque estas encarnaciones no fueron nuestras, fue una lección importante acerca de no apegarse a las vidas pasadas propias, ya sean buenas o malas, nuestras o de alguien más. Muchas personas que tuvieron vidas pasadas que hubieran preferido no conocer siguieron adelante para lograr su ascensión, incluyendo a Mark.

Annice fue franca en discutir su vida pasada con nosotros y aprecié su ejemplo. ¿Cambió mi actitud hacia Annice después de saber que tuvo esa vida como marinero? Para nada. A los maestros ascendidos no les importa quiénes hayamos sido en el pasado; les importa lo que estamos haciendo con el presente. Este entendimiento nos ayuda a estar menos apegados a lo bueno o lo malo acerca de nosotros mismos, incluso cuando nos esforzamos para hacer lo mejor que podemos y saldar el karma de todas nuestras vidas pasadas.

Viendo los registros de esta vida pasada de Annice alguien podría pensar que no podía ser una persona muy santa. Pero hay un viejo refrán que dice que a veces los grandes pecadores se convierten en los grandes santos. La Biblia dice que es mejor estar caliente o frío, ya que si somos tibios, Dios dice: «Los escupiré fuera de mi boca». El que tiene más karma o el pasado más difícil puede estar sinceramente arrepentido y moverse rápidamente para compensar la diferencia. San Francisco vivió una vida desenfrenada hasta su conversión. Judas Iscariote tuvo gran remordimiento por su papel en la traición y crucifixión de Jesús e hizo su ascensión al final de su siguiente vida.

«¿Qué es eso para ti? ¡Sígueme!», fueron las palabras de Jesús al apóstol Santiago. Es un mensaje simple pero profundo. Hay todo tipo de cosas por las que nos podríamos preocupar: lo que la gente dice o piensa acerca de nosotros, lo que podríamos haber hecho o no. Pero no podemos permitir que ninguna de estas cosas desvíe nuestra atención del sendero.

Ningún mal karma

Una vez Mark y yo estábamos sólo charlando. Mark me miró y dijo: «Sra. Booth, no creo que usted y yo tengamos ningún mal karma».

Le dije: «Eso es bueno».

Nunca podías saber lo que pasaba por la mente de Mark.

Por suerte Annice no había tenido mal karma con Mark. Sin embargo, no ocurría lo mismo con otros miembros del personal, quienes tenían karma personal con Mark o Madre. Parte de su experiencia con los mensajeros sería para el equilibrio de ese karma, y muchos llegaron por las puertas de The Summit Lighthouse con ese mismo propósito.

Lazos familiares

En estos días, especialmente desde la llegada del correo electrónico, los problemas en nuestra organización con frecuencia vienen desde adentro, de nuestro propio personal y miembros que están descontentos o de antiguos miembros. La fuerza utiliza la división para proyectar discordia y desunión así como también insatisfacción y esto, a su vez, engendra más división.

Era diferente en los años en que Mark estaba con nosotros. Entonces había una gran armonía dentro del pequeño grupo del personal, pero inevitablemente había problemas que venían de afuera. A veces Mark estaba bastante abrumado por proyecciones o intrusiones de energía negativa.

Una fuente de esta oposición era grupos psíquicos que copiaban nuestras *Perlas de sabiduría* y dictados. El grupo llamado Era de Mark, por ejemplo, enviaba cartas, y había un grupo llamado el Foco del Rayo Rubí en Sedona (Arizona), que causaba problemas para Mark. En aquellos días no teníamos un grupo de decretos *(tag)** para apoyar a Mark como lo

---

* Un grupo de decretos era un conjunto de miembros permanentes del personal que se ofrecían para decretar por Madre para proveer defensa espiritual contra la oposición a la misión. Se llamaba *tag* porque permanecías en tu puesto (generalmente una a tres horas) hasta que la próxima persona venía a relevarte. Un *tag* generalmente consistía de dos o tres personas decretando juntas en la casa de Madre o donde se encontrara trabajando en ese momento. Estas sesiones eran a menudo difíciles. Pero recibías una impresión real del esfuerzo y la absoluta determinación necesaria para lidiar con la oposición al trabajo de la Hermandad en la Tierra.

hicimos después para Madre. Sin embargo, Mark tenía a Madre apoyándolo y tenía todo el respaldo de su personal, sin reservas.

Muchos de los problemas de oposición se mostraban como enfermedades en el cuerpo físico de Mark. En los comienzos de Summit, Mark tenía una úlcera estomacal sangrante. Un día, cuando tomaba un dictado de la Maestra Ascendida Nada, pudo gustar la sangre borboteando desde el estómago hacia la garganta. Durante el dictado Nada lo sanó y los síntomas fueron aliviados inmediatamente. Otras veces le plagaban los problemas de próstata.

Una vez estaba yo ayudando a Madre con *Escala la montaña más alta* en La Tourelle y siendo también la «*House Mother*» de la Casa Madre de Santa Bárbara. En uno de mis viajes a Santa Bárbara y visité a mi hermana menor. Estaba muy interesada en Summit y, sin embargo, estaba igualmente interesada en cualquier cosa que fuera psíquica. (Después tuvo un ataque al corazón y murió, como todos los otros miembros de mi familia.) Había encontrado un grupo que le dijo que insertando agujas en cierta parte de la anatomía de un muñeco se podía afectar a una persona.

Le pregunté: «¿A qué lugar te refieres?».

Ella contestó: «La próstata, por supuesto».

Entendí inmediatamente que estaba insertando agujas en un muñeco que representaba a Mark Prophet y aquello estaba contribuyendo a su problema de la próstata. Estaba mortificada. ¿Cómo podía mi hermana hacer algo así? Rápidamente le dije a Mark lo que mi hermana estaba haciendo.

Cuando regresé a Colorado Springs, Mark me encontró en el aeropuerto. Le dije: «Mark, ciertamente espero que pueda retribuir con servicio el daño que mi hermana le está haciendo». Fue una de esas veces que me atravesó con la mirada y no dijo una palabra.

La mística práctica

En este punto de la conversación, Annice se dio la vuelta hacia mí y dijo: «Eres muy afortunada con tu familia». Mi familia apoya totalmente el que yo sea un estudiante de los maestros ascendidos y mi madre también es miembro de la organización. Annice continuó:

Más tarde aquella noche Mark y Madre me llamaron a la sala de oración en la Torre y me dijeron que me habían hecho una limpieza. Era muy afortunada de haber tenido una interacción personal con ellos. Mark me dijo que los Señores del Karma habían dicho que me estaban liberando completamente de todos mis familiares. La única trampa era que mi lástima podía reactivar esos lazos, y si permitía que eso sucediera perdería la dispensación.

Estaba asombrada. Nunca he sentido una limpieza tan completa. Pensaba en unos de los miembros de mi familia y no había más energía asociada con ellos que si hubiera leído un nombre en una guía telefónica.

He estado alerta desde entonces para ser cuidadosa con la lástima humana. Si me llegase una carta o comunicación de un miembro de mi familia o si estuvieran pensando en mí, enviándome energía, inmediatamente cancelaría cualquier sentimiento que no estuviese al nivel del Cristo. Tendría cuidado de no dejarme llevar por ningún sentimiento de «pobrecita esa o aquella» o «qué pena». Amaría a mi familia y tendría compasión por su situación, pero no entraría en su conciencia humana o tontería humana. Los amaría desde el nivel del Cristo.

Esto fue una buena lección para Annice —y para todos nosotros— en la naturaleza de las relaciones familiares. Annice estuvo horrorizada y también desconcertada por que su hermana intencionalmente trataba de dañar a otros a través de la magia negra. Se preguntaba cómo era posible que hubiera terminado en la misma familia que una persona como esa.

Una respuesta, por supuesto, es karma.

Antes de encarnar se nos asigna la familia en la cual naceremos. A menudo hemos conocido a los miembros de nuestra familia en vidas pasadas. Las relaciones pueden ser las mismas o diferentes. Podemos ser una hija en una vida y luego madre de la misma alma en la próxima.

Podemos ser colocados con almas en particular por el buen karma juntos del pasado para que nos podamos apoyar mutuamente en nuestras misiones. Por ejemplo, María había sido la madre de Jesús en una vida anterior y por ende estaba bien preparada para apoyarlo en su misión en aquella última encarnación.

También podemos estar asignados a almas en concreto debido a karma negativo del pasado. Si este es el caso, se nos exige amarnos y servirnos mutuamente hasta que nuestro karma sea saldado y estemos libres para continuar.

Madre demostró la superación de circunstancias kármicas muy difíciles en su propia familia. Describe parte de esto en el libro de sus memorias, *En mis propias palabras*. Se nos dice que estos intensos lazos kármicos son comunes en la encarnación final de una persona, cuando el alma busca hacer lo máximo para saldar todo su karma antes de la ascensión.

El karma también explica por qué miembros de la familia pueden ser muy diferentes unos de otros. Por ejemplo, debido a interacciones a lo largo de los siglos, muchos portadores de la luz han hecho karma con almas muy oscuras cuando estos caídos los sometían a ira o persecución y aquellos respondían de la misma manera. Por tanto, los enredos del karma han atado a los portadores de luz con los caídos y se les exige que interactúen con ellos muy personalmente en una situación familiar. El amor natural que existe entre miembros de la familia y las numerosas oportunidades para servicio mutuo provee una forma de saldar ese karma. Por tanto nunca puedes juzgar a una familia por sus miembros individuales: en cualquier familia puedes tener, codo con codo, a la progenie de la luz y la progenie encarnada del malvado.

Sin embargo, las relaciones familiares difíciles no siempre son debido al karma. La mensajera ha dicho a algunos chelas que ellos escogieron deliberadamente venir a una familia con personas de gran oscuridad. Debe haber habido una lección que necesitaban aprender con esta interacción personal con el mal. Un portador de la luz puede ser también colocado en una familia particular para que los de la oscuridad en aquella familia puedan tener constantemente un ejemplo y un recordatorio de un camino superior. Esta es una oportunidad para ellos de dar la vuelta, servir a la luz y abrir su propio camino de regreso a Dios. Pero si rechazan esa oportunidad, si en su lugar se ponen en contra de ese portador de la luz entre ellos y lo persiguen, entonces el niño de luz también puede llegar a ser instrumento de juicio de los padres y miembros de la familia que no son de la luz.

A veces la única razón por la que los portadores de la luz han nacido en familias de caídos es para que puedan reclamar sus genes. Hace mucho tiempo, los caídos robaron los genes de los hijos e hijas de Dios. Y a veces la única manera de reclamar esa herencia genética es nacer físicamente a través de esas personas en particular y su linaje ancestral.

El Consejo Kármico tiene una tarea difícil para asignar

almas a las familias, pero toman las mejores decisiones posibles para el beneficio y la mayor oportunidad de todas las almas.

Este incidente que Annice describe ofrece un entendimiento de las relaciones familiares desde la perspectiva de los maestros ascendidos, que Jesús también enseñó. La Biblia cuenta la historia de un discípulo que, acercándose al maestro mientras éste enseñaba, le dijo que su madre y sus hermanos estaban esperando. Jesús contestó: «Quien sea que haga la voluntad de Dios, el mismo es mi hermano, y mi hermana, y mi madre».[14]

Jesús nos enseña que las relaciones de carne y sangre de las familias humanas no son las más importantes en la vida de un discípulo. Estaba mostrando la naturaleza impersonal del Cristo, el cual se relaciona con todos en base a valores espirituales en lugar de lazos familiares. Todos los que hacen la voluntad del Padre son parte de la verdadera familia de Dios.

Otra enseñanza que Jesús dio sobre las familias es que «los enemigos del hombre serán los de su casa».[15] Puede ser que tengamos a los que están alineados con la oscuridad en nuestras familias. Pero también puede ser que miembros familiares no sean gente mala en sí, pero involuntariamente pueden llegar a ser los instrumentos de las fuerzas de la oscuridad que quieren disuadirnos de nuestro viaje de regreso a casa, ya que los caídos siempre buscan la conexión más débil, el punto de vulnerabilidad, por el cual atacar al portador de la luz. Cuando entendemos esto, aprendemos a no tomarnos estas cosas personalmente y recordamos hacer los llamados para la protección de los seres queridos y los miembros de la familia.

Los maestros ascendidos enseñan que es lícito querer y cuidar de los miembros de la familia, pero no deberíamos permitirles interponerse en el camino de nuestra propia búsqueda del sendero espiritual o nuestra misión en esta vida. Los mensajeros han enseñando a su personal y estudiantes a mantener su lazos familiares, pero hacerlo al nivel de la conciencia Crística. Esto significa que nos relacionamos con los familiares desde el nivel del corazón y con verdadero amor y compasión, no permitiendo ser atraídos a ataduras al nivel del cuerpo emocional, incluyendo la lástima humana, el sentimentalismo o la nostalgia.

Estos lazos al nivel de las emociones humanas han sido descritos como «mesmerismo familiar». Este es un tipo de energía mediante la cual las personas pueden tener un dominio excesivo sobre otros miembros de la familia, tratando de controlarlos o haciendo que se comporten de maneras que pueden ser perjudiciales para el alma. Esta forma de abuso emocional o mental puede ser sutil, pero frecuentemente aún más dañino para el alma sensible que el abuso físico. Incluso si uno es afortunado de ser parte de una familia amorosa, feliz, todos podemos tomar las formas y la conciencia humana de los miembros de la familia.

Las invocaciones de los mensajeros pueden ser de tremenda ayuda para liberar a las personas del mesmerismo familiar y muchos otros tipos de energías negativas que abruman al alma. En algunas ocasiones Madre explicó los orígenes de aquello que fue limpiado de los estudiantes que buscaron su consejo. Sin embargo, raramente daba reportes detallados del trabajo de limpieza que se realizó. Una vez que estos elementos de la conciencia humana han sido limpiados, a menudo no tiene sentido volver a examinarlos en detalle. De hecho, esto puede llegar a ser un anzuelo psíquico que nos tienta a retener o incluso volver a crear aquello que ha sido eliminado.

Los mensajeros ya no hacen este trabajo externamente, pero podemos hacer nuestro propio trabajo de autolimpieza, especialmente a través del uso de los decretos dinámicos y en sesiones de decretos en grupo. Madre ha recomendado que

Lecciones de discipulado

Annice, su hijo, Larry, y su nieto. Las relaciones con miembros de la familia son con frecuencia traídas de vidas previas, pero Annice y Larry estaban en la situación excepcional de no tener karma mutuo de vidas pasadas, ni bueno ni malo.

hagamos decretos a Astrea, el Elohim del cuarto rayo, al Arcángel Miguel y a la llama violeta para nuestro trabajo de limpieza personal. También podemos pedir a los mensajeros que hagan llamados específicos para nosotros a niveles internos. Los ángeles eliminarán aquello que puedan llevarse según la Gran Ley, y se pasa a través de la llama. Este es un proceso que puede ser acumulativo por un número de años, dado que los elementos negativos son eliminados capa por capa, como pelando una cebolla.

Más importante aún, necesitamos deshacernos de patrones de negatividad, incluyendo el mesmerismo familiar. Los ángeles respetan nuestro libre albedrío y no eliminarán aquello que no estemos dispuestos a soltar. También necesitamos ser vigilantes para no volver crear lo que se nos ha quitado en estas limpiezas. Los mensajeros, los maestros y los ángeles trabajan muy fuerte para asegurar nuestra libertad de esas condiciones y necesitamos honrar su regalo y no permitir que se pierda.

No personalices tu trabajo

Annice estaba revisando el capítulo 7 de *Escala la montaña más alta* cuando el libro tenía que volver a imprimirse con un nuevo título, *El sendero del Yo Superior*. Mientras lo leía, se encontró con la historia de Hipatía, una filósofa griega, científica y profesora que vivió en Egipto en el siglo cuarto d.C. Esta fue una de las encarnaciones pasadas de Madre y en aquella vida había sido asesinada por una turba de cristianos fanáticos.

Annice recordó el momento cuando había estado trabajando en este capítulo para la primera impresión del libro.

Había estado trabajando con otro miembro del personal en el volumen original de *Escala la montaña más alta* en una pequeña, diminuta oficina afuera del dormitorio de Madre. Era un armario ropero de cinco por seis pies [1.5 x 1.8 m]. Logramos colocar allí dos sillas y una mesa de cartas.

Una noche, cerca de las diez o las once, estábamos trabajando en el capítulo en que mencionaba a Hipatía y el registro akáshico de su muerte debió salir a la superficie.

Me volví a mi colega y le dije: «¡Oh, Dios mío, la maté. Maté a Hipatía!».

Ella estaba sintiendo lo mismo, y dijo: «Oh no, tú no lo hiciste. La maté yo».

Las dos llorábamos y fuimos a donde Madre estaba y le repetimos nuestras historias, cada una reclamando el incidente como propio.

Madre nos dijo: «Ahora escúchenme. Vayan las dos al santuario y hagan Astreas hasta que se compongan. Regresen cuando estén en una vibración mejor».

Cuando regresamos dijo: «Quiero que sepan que trabajar en *Escala la montaña más alta* es una iniciación muy alta: es la iniciación más alta de este personal. Pueden tener todo tipo de problemas si personalizan este trabajo. No puedo trabajar con ustedes a menos que tengan un sentimiento impersonal y de desapego».

Madre repitió la lección de que si te sientes emocional en relación a un registro de una vida pasada, si puedes todavía sentir la emoción e identificarte con el registro, aún no lo has transmutado.

Más adelante me dijo que ninguna de nosotras había sido la culpable. La persona que mató a Hipatía había en realidad encarnado como la madre de una mujer que conocíamos. La madre también había sido una persona viciosa en esta vida.

Mientras trabajaban en la sección de *Escala la montaña más alta* que hablaba acerca del martirio de Hipatía, Annice y su colega se habían sintonizado con los registros del suceso en akasha. Sintiendo la intensidad del mismo, se habían sobreidentificado con éste.

Esta experiencia ilustra un peligro de sondear vidas pasadas: es fácil alcanzar una conclusión incorrecta acerca de quien pudimos haber sido. Si lo hacemos, podemos tomar inadvertidamente el peso kármico o un sentido de culpabilidad por algo que ni siquiera hemos hecho. Podríamos sentir algo con gran intensidad, pero es importante recordar que los sentimientos pueden no ser siempre una guía de confianza. Es solamente la voz de nuestro Ser Crístico la que nos puede guiar sin equivocaciones.

En muchas ocasiones los mensajeros se han encontrado con alguien apesadumbrado por una vida pasada que algún psíquico les ha revelado. Cuando examinaron el registro, descubrieron que la persona nunca fue quien pensaba que era.

También vemos en esta historia un ejemplo de compasión, al tener Madre la oportunidad de encontrarse con la persona que había matado a Hipatía. Tenía que lidiar con todo tipo de personas a través de los años, incluso los que la habían matado en vidas pasadas. Decía que podía ver a estas personas entre los que venían ante ella para llamados de sanación o bendiciones. Dijo que no sentía amargura ni resentimiento hacia estas personas, sino sólo alegría de verlos venir al lugar donde podían superar el registro y progresar en el sendero espiritual.

Trabajando en *Escala la montaña más alta* con Florence Miller

Cuando Madre estaba trabajando en *Escala la montaña más alta,* Florence Miller y yo estábamos encargadas de escribir a máquina sus correcciones. Comenzábamos a las diez de la noche, cuando la máquina de escribir estaba disponible, y trabajábamos hasta las dos de la madrugada.

Era la época anterior a las computadoras, así que cada vez que escribíamos una página hacíamos cinco copias al carbón. Sí cometíamos un error en una página, teníamos que volver a escribir y revisar toda la página. Aunque hubiera sólo un error, teníamos que hacer toda la página otra vez. Esto sucedía noche tras noche. Con frecuencia teníamos que rehacer una sola página una y otra vez.

Florence y yo calculamos que al completar el libro escribimos cada página por lo menos doce veces. Cada vez que la escribíamos, esa enseñanza se anclaba en nuestros cuatro cuerpos inferiores.

Qué afortunados somos ahora de tener computadoras para ahorrar tiempo y trabajo. Esta tecnología hubiera hecho el trabajo mucho más fácil para Annice y Florence. Pero la tarea tenía que ser realizada con las herramientas disponibles, así que estas dos almas se quedaban y se quedaban e hicieron lo que tenía que ser hecho.

Annice y Florence también entendían el elemento del discipulado en sus trabajos. El sendero espiritual requiere resistencia y la meticulosa corrección de los errores propios. Vieron cada error que cometían como la representación de un error en su propia conciencia. Al volver a escribir la página, estaban corrigiendo aquellos errores en la conciencia y trabajando a través de su karma con los maestros, con los mensajeros y una con la otra.

Esto nos recuerda la historia de Milarepa, que como parte de su discipulado tuvo que construir una casa, derrumbarla y reconstruirla muchas veces. Este es el método que el Gurú Marpa usó para ayudarlo a saldar su karma, destruyendo los elementos negativos de su conciencia y reconstruyendo en una verdadera base. A veces el trabajo interno del alma debe tener una contraparte en lo físico.

Escribiendo y volviendo a escribir cada página, Annice y Florence también llegaron a conocer la enseñanza de *Escala la montaña más alta* muy bien. Incluso si hubieran leído el libro varias veces, éste no habría penetrado tan profundamente en su conciencia como cuando escribieron las palabras una y otra vez. Uno puede imaginar que este proceso podría haber permitido que la alquimia de esta enseñanza entrara en otras dimensiones y compartimientos del ser. Años más tarde Annice enseñó a partir de este libro en sus clases de Summit University. Sabía exactamente lo que había en cada capítulo y podía a menudo citar las palabras, así como había sido capaz de citar la Biblia cuando era niña.

Además de los aspectos prácticos inherentes a la publicación de un libro, el mensajero y los maestros proveían una vía para que su enseñanza se arraigara completamente en dos humildes chelas mientras trabajaban entrada la noche. Si Annice o Florence se hubieran quejado o rendido, si hubieran dicho, «No puedo» o «No lo haré», imaginen lo que hubieran perdido.

Durante cierto período de tiempo en La Tourelle, Florence trabajaba las veinticuatro horas, día y noche. Le dije: «¿Cómo lo haces?». Florence dijo susurrando: «Cafééééé». Florence tomaba cerca de trece tazas de café al día.

Florence Miller ascendió tras fallecer en 1979. Había encarnado como la gran mística Santa Teresa de Ávila, y hoy la conocemos como la Maestra Ascendida Kristine.

Sanat Kumara habló de su ejemplo de discipulado en sus *Perlas de Sabiduría* en «La apertura del séptimo sello». La describió como nuestra «compañera de trabajo y amiga, un chela de El Morya que ahora defiendo como el ejemplo y pionera en el Sendero del Rayo Rubí». Florence estaba absolutamente dedicada a los mensajeros y su misión, y como Annice, sirvió en la Junta Directiva de la organización. Trabajó largas horas cuando se la necesitaba para que un proyecto se terminara. Y evidentemente el café le ayudó a atravesar algunos de esos momentos difíciles.

Annice me contó esta historia no solamente como un ejemplo de dedicación en el sendero, sino también para dejarme saber que uno no puede forzar el cuerpo con impunidad. Madre una vez explicó en una clase de Summit University que Florence murió muy pronto porque no cuidó su salud. Los maestros nos han dicho que seamos amables con nuestros cuerpos, ya que necesitamos vivir lo suficiente para saldar tanto karma como podamos para poder ascender.

Todos podemos querer emular la dedicación al servicio de Florence. Pero Florence, ahora la Maestra Ascendida Kristine, puede no querer que emulemos su consumo de café. Annice nunca tomó café, pero tomaba suficiente agua, le gustaba tomar té cada día y bebía una Coca-Cola dietética de vez en cuando si necesitaba un estímulo.

Algunas personas podrían observar los hábitos de estas dos chelas y pensar que por hacer estas cosas no tenían mucha maestría. Pero ellas, cada una a su manera, hicieron lo que necesitaban hacer para realizar el trabajo para los maestros. No es en la perfección exterior donde se ve la calidad del corazón del chela.

No el Espíritu Santo, sino un viento furioso

Llevé a Annice a desayunar en junio de 2003, no mucho antes de nuestra gran conferencia anual en julio. Había algo de la acostumbrada oposición anticipando la clase y este día había un fuerte viento soplando y levantando el polvo por todas partes alrededor del sitio de la conferencia. Annice comentó que el viento estaba «furioso» y contó la siguiente historia.

Madre y yo estábamos trabajando en los capítulos «negros» de *Escala la montaña más alta* [los capítulos relacionados con la magia negra, la brujería, el anticristo y temas similares]. Hubo un gran viento que de repente sopló afuera de la ventana del dormitorio de Madre del tercer piso donde estábamos trabajando. Azotó al gran roble que había afuera y que era más alto que la casa. Parecía como si el roble se estuviera doblando. Madre se volvió a mí e inocentemente dijo: «Querida, ¿crees que este es el viento del Espíritu Santo?».

Dije: «Eso no suena como ningún viento del Espíritu Santo que haya escuchado».

Los mensajeros enseñaban a su personal a ser conscientes de la energía. Cuando trabajabas en un proyecto, tenías que tener un sentido de la oposición a ese proyecto y si el trabajo espiritual necesario se estaba haciendo para manejarla. Cualquier proyecto para la Hermandad es combatido de una forma u otra por las fuerzas de la oscuridad y lidiar con esas fuerzas es vital si el proyecto ha de ser completado exitosamente. Cuanto más importante es el proyecto, más intensa es la oposición.

Por ejemplo, los capítulos «negros» de *Escala la montaña más alta* exponen a los caídos y sus estrategias. Estos ángeles caídos no quieren ser expuestos en esta forma, así que trabajan a niveles internos para evitar que esta información sea publicada. Una parte esencial del trabajo en estos capítulos era lidiar con las fuerzas de la oscuridad que se oponían directamente al proyecto.

¿Cómo puedes darte cuenta de si el trabajo espiritual necesario está siendo realizado? Sensibilidad a la energía y la percepción de lo que está sucediendo a tu alrededor a menudo darán las claves que necesitas.

¿Cómo te sientes?

¿Tienes un sentimiento de peso u opresión?

¿Te sientes irritable?

¿Tienes dificultad al pensar o al concentrarte en la tarea?

¿Hay muchas interrupciones y malas comunicaciones?

¿Hay otras personas afligidas por la oposición?

¿Hay accidentes o retrasos inesperados?

¿Hay cosas que simplemente no están sucediendo como deberían?

Cualquiera de estas cosas podría ser una señal de oposición a un proyecto.

Ten conciencia de los elementales también, ya que con frecuencia reflejan y reproducen las energías de otros planos, en este caso en forma de viento furioso.

El resultado final es que si algo no parece correcto, bien puede ser una indicación de que necesitas ponerte a trabajar espiritualmente y hacer retroceder la energía. No se trata de ser supersticioso o psíquico, sino de hacer una evaluación realista de las fuerzas de luz y oscuridad en tu mundo.

Sé consciente de la energía y de lo que necesitas hacer para enfrentarla y terminar un proyecto. A veces hay que parar y hacer algunos llamados o algunos decretos para poder hacer progreso. A veces sólo necesitas seguir adelante contra viento y marea y completar el trabajo.

«Eres un hijo de Dios»

Madre me hizo un comentario adicional mientras trabajábamos en *Escala la montaña más alta*. Llegamos a un párrafo acerca de los hijos e hijas de Dios y los niños de Dios, y comenté que realmente no sabía cuál de ellos era yo: un hijo de Dios o un niño de Dios.

Madre dijo: «Por Dios, Annice. Tú eres un hijo de Dios. Has tenido muchas más iniciaciones que los niños de Dios. Eres una de las que vinieron con Sanat Kumara desde Venus, conmigo y con Mark.* Anteriormente viniste con nosotros y Morya desde Mercurio».

Los niños de Dios son almas más nuevas. Necesitan dirección y protección y la compasión de las enseñanzas. No pueden aguantar toda la fuerza de la ley. Necesitan dirección de los hijos e hijas de Dios, quienes están destinados a ser los instructores de los niños de Dios.

Annice tenía un buen nivel de humildad, y ello se demuestra en esta historia. No se veía a sí misma como alguien importante y era lo suficientemente humilde como para hacer preguntas,

---

* La conmovedora historia de Sanat Kumara y de los que vinieron con él al planeta Tierra en la misión de rescate (los primeros Guardianes de la Llama) puede encontrarse en *La apertura del séptimo sello: El sendero del rayo rubí según Sanat Kumara*, de Elizabeth Clare Prophet (Gardiner, Montana: Summit University Press Español, 2013, pp. 10–15.)

sin suponer que tenía un llamado más alto. Aparentemente Madre pensó que era importante para ella saber algo de su herencia espiritual.

Cuando pienso en humildad, con frecuencia recuerdo la oración en el *Ritual sagrado para los Guardianes de la Llama*, «Mantenme humilde ante Ti, positivo ante el mundo». Hay una falsa humildad que parece ser humilde pero en realidad es bastante orgullosa, queriendo que otros piensen bien de uno por parecer humilde. Hay también una falsa humildad que acepta la condenación de los ángeles caídos, que quiere evitar que hijos o hijas de Dios se eleven para cumplir una misión o un llamado al liderazgo. El sentido de ser positivo ante el mundo es bastante compatible con la verdadera humildad interna, que es una capa interior de los santos.

Annice en verdad cumplió el llamado de un hijo de Dios. Ella sirvió a muchos hijos e hijas de Dios así como a niños de Dios. Bajo la guía de la mensajera les dio dirección y les enseñó instruir a otros sobre del sendero espiritual.

El alma siempre sabe

En la gira por Tierra Santa de 1972, cuando estábamos en Baalbek, las vibraciones eran muy malas mientras caminábamos por las ruinas de los antiguos templos. Mark me dijo: «No quiero por nada que mis niños pongan un pie en estos cuartos. Yo tomaré a este niño y tú tomarás a los otros dos». Tomé a las dos niñas, Erin y Moira, y Mark tomó a Sean.

Mark me dijo que estos eran los cubículos donde los sacerdotes tomaban a las vírgenes del templo y las violaban antes de matarlas. Caminamos hasta un precipicio que terminaba en un abismo profundo y una piscina. «Allí es donde las tiraban».

Le dije: «Mark, esto es terrible. Puedo decir que he estado aquí antes, pero no sé si fui un sacerdote o una víctima».

Llegué a hacerle una pregunta. «Mark, lo que quiero saber es esto. Digamos que fui un sacerdote y estaba siguiendo mi religión fielmente, siendo fiel a Baal, quien creí erróneamente que era mi Señor. ¿Qué clase de karma tendría si sólo estaba siguiendo órdenes?».

Mark me miró muy seriamente y dijo: «Sra. Booth, el alma sabe. Aunque creas que estás siguiendo a tu dios, el alma sabe distinguir lo correcto de lo incorrecto, y sigues siendo responsable». No me dijo quién fui. Pero sospecho que fui sido un sacerdote.

Esta fue una lección muy importante. Todos hemos seguido

a nuestros dioses y pensábamos que estábamos en lo correcto. Quizás había muchos devotos sinceros de Baal. Aquella era la cultura del momento y los dioses que seguíamos. Éramos portadores de luz en una cultura oscura.

Por lo tanto no mires ni a la derecha ni a la izquierda. Permite que Dios sea la verdad y cada hombre una mentira.

Hay cierta cantidad de gracia que se nos permite para que primero nos podamos acercar a los mensajeros y llegar a conocer a los maestros. Es una gracia que tengamos el manto y la agudeza de ser capaces de entender estas enseñanzas y compilar estos libros.

Annice luego me dijo:

Mira los libros que estás escribiendo. Tuviste la preparación para ser médico, ministra, asistente de profesor en Summit University, para trabajar para los mensajeros y para mí. Compilaste el libro *Queriendo nacer.*

Annice estaba refiriéndose a un libro que acababa de escribir en el que daba la perspectiva de los maestros ascendidos sobre el aborto. Le dije a Annice que me había preguntado por qué fui yo quien escribió este libro. Nunca estuve embarazada en esta vida, estuve siempre en contra del aborto y nunca tuve un aborto ni animé a otros a que lo tuvieran. Annice dijo:

En la antigua Roma el aborto era una forma común de anticonceptivo. Probablemente todos los tuvimos en aquel entonces. Ciertamente todo esto nos mantiene humildes. Nunca sabemos lo que hemos hecho o no, así que no podemos estar orgullosos.

No conocemos nuestro propio karma, y cada uno es único. Mira a mi hijo. Madre me dijo: «He buscado y buscado en akasha y no puedo encontrar una sola alma con la que tengas karma que requiera que la traigas para que encarne. Eso es tan insólito. Generalmente ves a una madre y toda una hilera de almas que podría traer a encarnación».

No podemos juzgar por esta vida. Todos hemos estado en el lado equivocado en algún momento. Necesitamos tener compasión unos de otros y hacia nosotros mismos, y no apresurarnos a juzgar.

Es desafortunado que las personas tiendan a calificar a los demás de la forma en que los conocieron hace uno o diez años. En términos espirituales eso se denomina «mantener una matriz» sobre de alguien. Mantener una imagen mental negativa de otro puede realmente dañar su progreso espiritual, y en todos los niveles.

Madre era la defensora de las almas de todo su personal y de todos sus estudiantes. Las motivaba a que mantuvieran mutuamente la visión más alta, como hacía ella. Era la pastora de las almas y era consciente de sus progresos. Madre explicó que Mark Prophet construyó una organización porque verdaderamente entendió que las personas cambiaban a cada minuto. Tienes que darles oportunidad, para que ellos cambien.

El ayuno de arroz

Mark Prophet estaba siempre interesado en comidas saludables y en ayunos. En una ocasión comenzó un ayuno de arroz de diez días, y Annice lo hizo con él. En el octavo día, Mark decidió que debía terminar su ayuno. Annice se sentía bien y Mark dijo que podía continuar en la medida en que estuviera cerca de él para que pueda ver su aura.

En el almuerzo, Mark notó que algo no iba con Annice. Lo que había pasado era que había ayunado por tanto tiempo que ya no estaba completamente vinculada a su cuerpo. Ella se sentía maravillosamente. Estaba como en un tipo de ensueño extático y su conciencia estaba afuera, en algún lugar del etérico. No se acordaba de haber hecho ningún trabajo aquel día, sólo de haber flotado por las escaleras de arriba hacia abajo.

En el último día de aquel ayuno de arroz, todo lo que había hecho en todo el día fue subir y bajar las escaleras.

Mark me fulminó: «¡Se terminó el ayuno!».

Yo dije: «¡Mark! ¿Porque está molesto conmigo? Hice exactamente como lo pidió».

Mark dijo: «¡Estoy molesto contigo porque Morya está molesto conmigo! ¡Permití que dejaras tu cuerpo. Antes de encarnar prometiste estar en tu cuerpo y trabajar!».

Es aparentemente muy fácil para mí dejar mi cuerpo y

salir flotando a ámbitos más elevados. Así que en esta vida no ayuno y no veo cosas ni tengo experiencias espirituales elevadas. Esta es una vida para trabajar.

Tenemos diferentes vidas para diferentes propósitos y podemos expresar diferentes aspectos de nuestros Cuerpos Causales en diferentes vidas. De manera similar, podemos trabajar en un chakra diferente en cada vida.

Annice tiene la reputación de tener los pies muy en la tierra y de ser concreta. Y sin embargo, puede detectar la radiación de luz muy rápidamente y una mala vibración aun más rápidamente. Una vez que la conocías tenías la impresión de que ella podía tener experiencias espirituales muy elevadas si tratara de hacerlo con ayuno, meditación extendida u otras formas. De hecho, sospecharías que no pasaría mucho tiempo del todo en su cuerpo si siguiera ese camino; pero esa no era la tarea que tenía en esta vida.

Aunque el ayuno es una forma de limpiar los cuatro cuerpos inferiores, eliminar toxinas e impurezas y saldar el karma, necesitamos ser cuidadosos en nuestra práctica de ayuno. Los maestros no recomiendan que sus discípulos hagan ayunos de más de tres días a no ser que estén bajo la guía y protección de un maestro o un mensajero, como Annice lo estuvo en este caso.

Hay posibles peligros en un ayuno prolongado, no sólo en lo físico sino en lo espiritual. Si el alma no está totalmente anclada en el cuerpo o si el aura está debilitada por un ayuno excesivo, hay la posibilidad de la posesión de demonios. La experiencia de Annice muestra la importancia de tener un auspicio espiritual durante un largo ayuno. Mark fue capaz de interceder cuando Annice estaba teniendo un problema y ni siquiera se había percatado de ello.

La maestría de Mark con la meditación

Morya dijo una vez que Mark podía entrar y salir de una meditación tan rápido como nunca había visto a nadie hacerlo —era como un ascensor.

Para la mayoría de nosotros no es tan fácil meditar o elevar nuestra conciencia a un plano más alto. En contraste, no es difícil hacer descender nuestra conciencia. A veces todo lo que se necesita es mirar la televisión por un momento o mezclarse con el gentío en un centro comercial.

Por supuesto, es necesario enfocar nuestra atención firmemente en la octava física cuando tenemos trabajo que hacer y karma por saldar. Sin embargo, con frecuencia no nos resulta fácil elevar nuestra conciencia otra vez a los planos más elevados después de haber estado concentrados en estos ámbitos. Después de un día en el trabajo toma tiempo y energía hacer nuestra conexión espiritual. Algunas personas encuentran que la música puede ayudar. Los decretos pueden ser muy efectivos también.

Mark podía hacerlo casi instantáneamente, simplemente por un acto de voluntad. Esta era una de las cualidades que los capacitaban para ser un instrumento tan bueno para los maestros.

Más recuerdos de Mark

Pocos años después de que Madre se retirara, Annice planeó un fin de semana con Mark Prophet para el aniversario de su ascensión. Se había despertado temprano una mañana y todavía en camisón, se sentó en su escritorio y escribió el esbozo. Sintió que Mark se lo había dado. Bien podía creer esto, al sentir el Espíritu Santo cuando habló de sus planes.

No sabía que los gerentes de la organización también se estaban reuniendo y compartiendo sus propias ideas para este evento. Pero fue el plan de Annice el que se adoptó, y aclaró que fue ella la de la matriz. Era su idea y decidiría los detalles.

Habló de los tiempos con Madre en los días después de la Ascensión de Mark. Era como los cuarenta días después de la resurrección de Jesús, cuando todos los discípulos estaban reunidos en la Habitación Superior recibiendo las más preciadas enseñanzas del maestro. Por cuarenta días el personal estuvo en la habitación superior en el Cuerpo Causal de Lanello.

También compartió otras memorias de Mark Prophet.

Mark era un devoto de la Virgen María. Declaró que simplemente no lo hubiera hecho sin ella.

* * *

Un día Mark estaba tan agobiado por la energía que no

pudo aguantar más. Se paró frente al enorme retrato de Morya en la biblioteca para hablar con el maestro, ¡pero estaba tan abrumado que empezó a dar los números de llamada de su radio!

* * *

Después del ataque al corazón de Mark, hubo un gran rugido que pudo escucharse a través de toda La Tourelle.

Dije: «¡Cielos! ¿Qué ha sido eso?».

Fui a hablar con Mark. Aparentemente Morya le había dicho: «¿Bueno, te vas a tirar ahí y estar enfermo, o vas a rugir como el león que eres?».

Y eso hizo. Mark rugió como un león y el sonido pudo escucharse por toda La Tourelle.

El león es el símbolo de san Marcos, su encarnación como el evangelista.

* * *

Un miembro de mucho tiempo de Summit, Isabelle Dirkers, había asistido a la escuela primaria con Mark y nos dijo dónde tenía su casa entonces. Chippewa Falls estaba al otro lado del Mississippi desde Minneapolis. Una vez David Drye y yo hicimos un viaje allá para ver la casa.

Otras personas se enteraron más tarde y cuando estaban allí colocando anuncios para una charla en el norte de Minneapolis, pararon para ver la casa de Mark, hablaron con la mujer que era dueña y pidieron ver ático. Le dijeron que conocían a alguien que había vivido allí y que había rezado en el ático.

Pensé que esto demostraba mal gusto y falta de sensibilidad, y prefería que no lo hubieran hecho. La dueña los echó y la casa estuvo inaccesible para cualquiera de The Summit Lighthouse desde entonces.

Pequeñas declaraciones inesperadas

Estábamos finalizando el primer volumen de *Escala la montaña más alta* y se suponía que cada cual no haría nada más que trabajar en el libro. Se suponía que no pararíamos ni para decretar.

Estaba usando vestidos de poliéster en aquel momento y me di cuenta de que estaban todos sucios. Los llevé a lavar a la lavandería. Mark vino a la lavandería, y dijo: «¿Qué está haciendo aquí Sra. Booth? Debería estar trabajando en el libro».

Perdí mi compostura, y dije: «Estoy de acuerdo en que esto es una pérdida de tiempo. Pienso que la llama violeta debería lavar las ropas, ¿no?».

Mark se puso muy serio y mirándome profundamente dijo: «Sí, Sra. Booth. Lleva toda la razón. Acérquese mucho a Dios y la llama violeta hará el lavado por usted».

Luego simplemente se dio media vuelta y se alejó. Nadie podía ver lo que pensabas como Mark podía, y nadie que no estuviera allí sabe lo que significaba realmente vivir con aquel hombre.

Muchas de las lecciones más importantes que aprendí de Mark Prophet vinieron en pequeñas oraciones como esta en momentos inesperados.

¿Has notado alguna vez cómo Dios tiene formas de dejarte saber cuándo no estás donde tienes que estar en vibración o en conciencia? Probablemente no fue un accidente que el mensajero viniera a la lavandería en ese preciso momento.

En lo externo, Annice era todavía bastante nueva en el sendero: había encontrado a Mark Prophet por primera vez hacía menos de seis años. La Annice de años posteriores no hubiera hablado de esa manera. Pero en este caso fue impertinente. Supo después de haber hablado que su respuesta no fue adecuada. En lugar de admitir que no estaba donde tenía que estar y aceptar que había sido sorprendida, le contestó.

La respuesta de Mark fue muy interesante. No reaccionó a lo que podría haber sido como una falta de respeto hacia él o incluso a las enseñanzas de los maestros. En su lugar, le dio una visión más elevada del sendero espiritual.

Una de las razones por la que Dios envía mensajeros es que nuestra conciencia humana tiende a reaccionar mal cuando somos desafiados o corregidos. Si reaccionamos de esta manera hacia un mensajero (un ser humano que puede tener fallas), el karma no es tan severo como lo sería si reaccionáramos mal a uno de los maestros ascendidos. Por eso los maestros a menudo permanecen «detrás del velo» mientras resolvemos nuestros momentums negativos.

Madre ha dicho que ella lleva el manto de mensajera veinticuatro horas al día. En aeropuertos, restaurantes o en los lugares más humildes o inesperados, el maestro podría hablar a través de ella. Una parte importante del sendero del discipulado era aprender a recibir lo que podría venir a través de la mensajera con amabilidad y buen ánimo.

Más lecciones de vidas pasadas

Otra situación inesperada sucedió con Madre en este mismo momento, cuando estábamos acabando nuestro trabajo en *Escala la montaña más alta*. Un domingo Madre se volvió hacia mí y dijo: «Annice, pienso que deberías ir al cine». Fue la sorpresa más grande que podía imaginar en un momento en que estábamos trabajando tan esforzadamente para terminar el libro y llevarlo a los editores.

Dije: «¿Una película?».

«Sí, una película.»

«¿Cuál?».

«Mira en el periódico y sabrás cuál».

María, reina de los escoceses estaba siendo dada en el cine local. La película era sobre María y su conflicto con Isabel I de Inglaterra. Isabel fue responsable de la decapitación de María.

Dije: «Bueno, siempre me ha fascinado ese período de la historia y nunca he podido entender cuál de esas dos mujeres tenía razón». Así que tomé un bus al cine y la vi. Cuando regresé Madre dijo: «¿Qué aprendiste?».

Para entonces me había dado cuenta de que María, reina de los escoceses, fue una de mis encarnaciones. Le dije: «Bueno, sabía que fui reina de Escocia pero no me había dado cuenta de que yo también fui reina de Francia».

Fue mi uso de la palabra «yo» lo que causó que Madre reaccionara inmediatamente. Me dijo: «Ahora escucha. Te vas directo a la capilla y decretas. Siempre que todavía puedas identificarte con esa vida, no la has transmutado. Ve a hacer Astreas hasta que llegue a ser una parte impersonal de tu vida».

A lo largo de los años los mensajeros le mostraron a Annice algunas de sus vidas pasadas. A veces los maestros nos revelan una vida a través de una película o un libro o de alguna otra manera, que nos dé un indicio de esa vida. Nos lo enseñan cuando estamos listos.

Es interesante notar que el alma de Isabel I había encarnado anteriormente como Juana de Arco y posteriormente como Benjamín Franklin y Edna Ballard, mensajera de Saint Germain desde los años treinta hasta 1972. Como mensajera, escribió bajo el seudónimo Lotus Ray King y hoy la conocemos como la Maestra Ascendida Lotus. Su alma gemela es el Maestro Ascendido Godfre, quien encarnó como Ricardo Corazón de León, George Washington y el mensajero Guy Ballard.

Claramente, María e Isabel tenían algo de karma juntas. Sin embargo, aparentemente no les era necesario encontrarse físicamente para resolver aquel karma. Annice sabía de la Sra. Ballard pero nunca la contactó físicamente. Cada una de ellas trabajó sin descanso para los maestros ascendidos en su propio campo de servicio asignado y quizás el propio servicio, así como sus llamados a la llama violeta, contaron para el equilibrio de su karma.

El mensajero nos da una pista importante en esta historia. Los estudiantes de los maestros ascendidos pueden a veces ser atrapados en sus vidas pasadas. Cuando los registros de una vida pasada son contactados por primera vez, los sentimientos que los acompañan pueden ser intensos. La clave es dejarlos marchar. No te identifiques con esa vida. No te apegues a los sentimientos o recuerdos. Y haz el trabajo espiritual hasta que puedas ver aquella vida como algo impersonal, como la lectura de un libro de historia.

Por otra parte, es interesante yuxtaponer esta instrucción de Madre con la historia anterior. Un mensajero le dijo a Annice ni siquiera hiciera su colada ya que el trabajo en el libro tenía mayor importancia, y el otro le dijo que se fuera al cine.

Los estudiantes de los mensajeros y miembros del personal pronto aprendieron que el mensajero y los maestros pueden ser imprevisibles. Algunos que se hacen pasar por críticos les gusta citar ejemplos de esta imprevisibilidad y caracterizarla como capricho. Pero desde una perspectiva divina, ello tiene un propósito.

Una de las técnicas del Budismo Zen es el uso del koan, más popularmente «el sonido de una mano aplaudiendo». El koan es una imposibilidad lógica, algo que la mente externa, razonadora no puede comprender. Solamente cuando el estudiante es capaz de trascender la mente externa y elevarse en conciencia a la mente superior, donde todo es Uno, puede resolver el enigma.

Kuthumi, que encarnó como san Francisco, dice que los maestros utilizan todos los medios posibles para aventajar a la conciencia humana, la cual tiende a gustar de las reglas y regulaciones para seguir un sendero de rendimiento por rutina en vez del Espíritu Santo. Así, Kuthumi dice:

> El propósito de todo lo que hacemos es vuestra ascensión. Entended que para poder rescatar vuestra

alma, debemos ser más listos que ese morador, o a desafiarlo o incluso herirlo. Y debemos promover y crear circunstancias en las que los ojos del alma sean abiertos y el verdadero autoconocimiento sea obtenido y así las decisiones correctas serán hechas. El propósito completo de nuestra instrucción en Summit University desde el corazón de Maitreya es tal que vosotros, queridos chelas, podáis tener a vuestra disposición nuestros estándares de las octavas de los maestros ascendidos al ejercer el libre albedrío para la acción correcta: la Palabra y el Trabajo correctos. Entended nuestra motivación y tolerad nuestros medios, ya que debemos actuar de la mejor forma posible para alcanzaros con prontitud.

Considerad siempre la motivación de los maestros ascendidos en cualquier adversidad, cualquier choque con un chela o familia, cualquier malentendido de nuestra enseñanza o el mensajero. Considerad la motivación y considerad que la parte más importante de cualquier experiencia que tengáis no es lo que se lanzó hacia vosotros sino vuestra reacción a ello. Vuestra reacción es la determinación de vuestra posición en la escala de logros. Vuestra reacción nos capacita para actuar o no actuar. Vuestra reacción ante cualquier cosa o ante a todas las cosas nos demuestra el fruto que ha madurado en vosotros de toda nuestra enseñanza previa y amor y apoyo así como disciplina.

Así, percibid la onda sinusoidal construyéndose hacia los eventos que producen un impulso que requiere una respuesta de vosotros. Observad la respuesta y observaréis las esperanzas y posibilidades más elevadas a las que ahora se les da espacio para manifestarse. Siempre es bueno parar y tomar una respiración profunda y considerar, por tanto, antes de hablar y antes de decidir un curso de acción.[16]

En otra ocasión Annice describió un recuerdo anterior de esa misma vida y otras vidas:

Antes de estar en las enseñanzas, en 1947 ó 1948, tuve una tiroidectomía [la extracción quirúrgica de la glándula de la tiroides en el cuello]. **En aquellos días permanecías en el hospital por diez días. Después de que la incisión sanara y estuviera en casa, sentía como si mi cabeza se fuera a caer. Por más de dos meses usé el pañuelo de mi esposo alrededor de mi cuello porque tenía la más loca sensación de que se me caería la cabeza si no lo usaba. Más tarde me enteré de que en verdad había perdido mi cabeza** [había sido decapitada] **muchas veces en vidas pasadas.**

En el momento en que me contó esta historia, Annice y yo estábamos sentadas en un restaurante y la miraba desde el otro lado de la mesa. Ella vestía un suéter de cuello alto: con frecuencia vestía cuellos altos para cubrir las cicatrices de la cirugía de la tiroides y más tarde la cirugía cardiaca. Se me ocurrió que el suéter parecía como una gola alrededor de su cuello y la podía imaginar fácilmente en las ropas de esos años antiguos. A veces Dios nos da destellos de una vida pasada cuando nos miramos mutuamente.

En otra ocasión, Annice y yo habíamos ido a una de nuestras reuniones de almuerzo al restaurante de Mammoth Hot Springs. Llovía con bastante fuerza cuando estábamos en el restaurante. El camarero estaba fascinado con los anillos

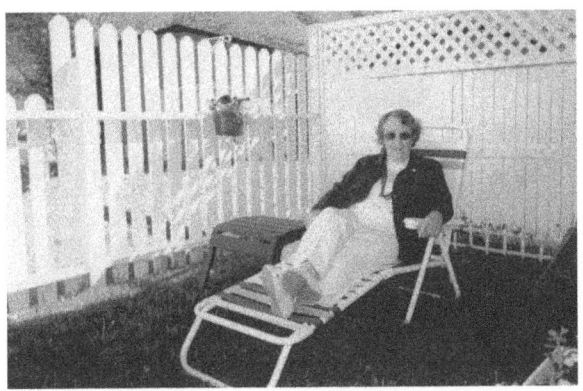

Annice relajándose en una esquina de su jardín con la cercas blancas.

rubí y amatista que llevaba. Así que Annice le enseñó el anillo con una amatista muy grande que tenía en una cadena alrededor de su cuello. Madre lo usó mientras escribía *Escala la montaña más alta*, y se le había dado a Annice cuando Madre se retiró. Le explicamos al camarero que la amatista era una piedra de transformación.

De camino a casa Annice me pidió que paráramos para poder comprar uvas y unas pocas cosas en el supermercado. Afuera había una pequeña carpa llena de plantas de primavera y plantas germinando, y compró algunas para plantar en el jardín fuera de su pequeña casa con la cerca de barrotes blancos.

Para cuando regresamos a casa la lluvia había parado y el sol brillaba. Estaba tan contenta con las lechugas y las plantas de fresas que había comprado. Se deleitaba con el pasto verde, los dientes de león de un amarillo brillante y las flores que brotaban en sus lechos del jardín. Aplaudió como una niña pequeña, y exclamó: «¡Más bellos ramilletes!», un término tan inglés. Me recordó otra vez a María, reina de los escoceses.

Como la mensajera y otros chelas, Annice había sido una reina en varias de sus vidas. Dijo que tenía «karma de reina», lo cual significaba que necesitaba servir y trabajar con grupos grandes de personas e incluso grupos de otras naciones para saldar aquel karma. Dios proveyó las oportunidades que necesitaba para servir.

Cuidador para Tatiana

Durante mis tres primeros años en el personal me mantenía viajando ida y vuelta entre Santa Bárbara y Colorado Springs. Comenzando en 1970, cada conferencia alternada era en Colorado Springs.

En febrero de 1972, regresé a Colorado Springs. Madre acababa de dar a luz a Tatiana, que tenía tres semanas de edad. Fui a la Torre para visitar a Madre y su bebé.

Madre dijo: «Aquí esta mi bebé. ¿Quieres tomarla?». En ese entonces había una regla estricta que nadie excepto los padres podían tomar un bebé hasta la edad de tres meses.

«¿Dice que puedo tomar a Tatiana?».

«Absolutamente... Oooooh, Morya dice que eres mi niñera».

«¿A qué se refiere?».

«Le he estado pidiendo ayuda a Morya porque necesito escribir los libros y Morya acaba de decir que tú eres la niñera. Morya dice que esto es lo que tienes que hacer».

«¿Quiere decir que haga esto estando en el personal?».

«Sí, pero todavía me puedes ayudar con el libro [*Escala la montaña más alta*]».

«Bueno, Madre, hace veinticinco años que tuve un bebé. Debe decirme específicamente como le gustaría que la cuide».

Y eso es lo que hice.

Un día, en la guardería, estaba jugando con Tatiana y Madre entró y me dijo: «Esto es maravilloso. Esta es la pequeña por la que siempre has rezado. Morya dijo que está contento de poder cumplir tus deseos».

Madre y yo teníamos un acuerdo. Ella trabajaba sin ser molestada excepto si Tatiana la reclamaba o necesitaba ser amamantada. Este arreglo funcionó bien la mayor parte del tiempo. Luego, un día, no pude tranquilizar a Tatiana y necesitó de su madre. La llevé a Madre, y le dije: «Creo que Tatiana la necesita». Luego salí y dije que estaría en mi cuarto cuando Madre me necesitara.

Fui a mi cuarto y pensé en el pañal sucio, así que bajé a la lavandería para lavarlo. Entretanto, Madre había querido regresar Tatiana a mi cuidado, pero no podía encontrarla en ninguna parte. Cuando finalmente me localizaron y regresé a ella, dijo: «Toma esta niña. No tiene hambre. Te busqué por todas partes. ¿Donde estabas?».

Le dije a Madre que estaba en la lavandería lavando el pañal sucio.

Esta era la época cuando Madre había comenzado a hacer las limpiezas planetarias. Entonces me dijo: «Me has interrumpido cuando estaba haciendo una limpieza planetaria. Ahora tienes el karma de interrumpir la limpieza del planeta. En vez de estar en tu cuarto como dijiste, estabas abajo lavando un pañal. El Arcángel Miguel dijo que tu racionalización es la razón por la que tuviste que vivir en California todos esos años».

Eso fue todo. Nunca me diría lo que le había hecho al Arcángel Miguel en ese entonces.

De esta experiencia, que puede sonar extraña para alguien que no es un chela, aprendí lecciones acerca de la obediencia y la racionalización. Es importante quedarte en tu sitio y estar donde dices que estarás. Los maestros necesitan que mantengamos nuestra posición y cuentan con ella. Ya sea manteniendo nuestras promesas de hacer una cierta cantidad de decretos o estar en nuestros servicios cuando decimos que lo haremos, una promesa es una promesa. Si hacemos una promesa debemos mantenerla y no cambiar de idea, pensando que tenemos una razón diferente o una mejor razón para no hacer lo que se nos ha pedido que hagamos.

Los maestros y los ángeles son puntuales y esperan que estemos allí cuando decimos que estaremos. Un mundo entero puede depender de eso. Y por hacer algo que parece ser importante, en vez de lo que se nos ha pedido que hagamos, podemos alterar los planes de la Hermandad.

Morya dijo que la obediencia es mejor que el sacrificio. Es mejor ser obediente al maestro y hacer lo que hace falta y lo que nos piden en vez de desobedecer y tratar de compensarlo después.

La racionalización es el medio que la mente carnal tiene de decirnos la alternativa al sendero que los maestros han preparado ante nosotros. La mente carnal dice: «Bueno, realmente no necesitas hacer esto o aquello», y nos da las razones de por qué.

Mark dijo que yo era un alma vieja y que llevaba mucho tiempo por aquí.

Esta fue otra lección importante para Annice; y una vez más, tenía que ver con ir a la lavandería.

Madre no estaba molesta por haberle llevado a Tatiana. Estaba molesta porque Annice había dicho que estaría en cierto lugar y no estaba allí cuando Madre la necesitaba. Annice podría haber dejado un mensaje o una nota dejando saber a la mensajera donde había ido, pero no lo hizo. Pudo simplemente haberse quedado donde estaba y lavado el pañal más tarde, pero no lo hizo.

Este episodio demuestra cómo las decisiones aparentemente pequeñas pueden tener grandes consecuencia en la escena mundial. Los maestros nos han dicho que continentes y naciones, e incluso civilizaciones se han perdido debido a una serie de pequeñas componendas. En este caso la decisión aparentemente pequeña de Annice interrumpió el trabajo espiritual de la mensajera en sus llamados por la limpieza de las fuerzas de la oscuridad del planeta.

En nuestras propias vidas, puede haber cosas por las que los maestros dependan de nosotros. Nosotros, también, podemos estar obstaculizando el trabajo de un maestro ascendido cuando no guardamos nuestros compromisos. Y la tragedia es que no podemos ni siquiera ser concientes de ello. Annice era afortunada por tener a los mensajeros allí, físicamente, para decirle cuándo había decepcionado a la Hermandad. Pero aun sin un mensajero que nos diga físicamente cuándo nos hemos quedado cortos ante la meta, los maestros tienen formas de hacernos llegar el mensaje, si somos sensibles a sus comunicados.

No queremos ser supersticiosos acerca de estas cosas ni continuamente adivinar cuándo las cosas no van de la forma en que pensamos que deberían ir, pero es saludable hacer una autoevaluación realista de vez en cuando, sin caer en la autocondenación. Este ejemplo del sendero de Annice nos da un sentido de la medida de lo que los maestros ponen como estándar para aquellos que desean ser sus chelas.

Annice menciona que Mark le dijo que era un alma vieja. ¡Quizás había estado en el planeta el tiempo suficiente como para haber sido más inteligente! Pero por supuesto, si todos actuáramos más inteligentemente e hiciéramos mejor las cosas, habríamos ascendido hace tiempo.

La conexión con California es interesante. La Costa Oeste de los Estados Unidos era parte del antiguo continente de Lemuria. Así que esta declaración del Arcángel Miguel puede apuntar a un karma antiguo. No hay accidentes en las circunstancias en las que nos encontramos, y es con frecuencia la ecuación del karma la que nos trae de regreso a ciertos lugares.

Esta historia también ilustra la confianza que Madre y Morya tenían en Annice al pedirle que cuidara de Tatiana. Cuando nace un niño, los huesos del cráneo todavía están creciendo y hay dos puntos blandos (fontanelas) donde los huesos aún no se han unido. Estos están en la parte superior de la cabeza, correspondiendo al chakra de la coronilla. Un punto blando permanece abierto por varios años, otro se cierra después de varios meses. Mientras las fontanelas están abiertas el niño también está abierto espiritualmente y sujeto a la vibración de aquellos que lo tocan físicamente, y es una decisión de los padres proteger el aura y el campo de fuerza del bebé.

Por tanto, los maestros y los mensajeros recomiendan que permitamos sólo a la familia inmediata o a aquellos en cuyas vibraciones confiamos que toquen a un recién nacido en esos primeros meses de formación. Por una razón similar, es mejor no sacar al bebé al público innecesariamente en los primeros meses.

También se aconsejaba a las parejas que no anunciaran a la gente los embarazos hasta que fueran aparentes: cuatro a cinco meses para el primer embarazo y un poquito antes para los siguientes. Esto es para proteger la alquimia de la formación temprana del niño en el útero.

Ante el Consejo Kármico

Una historia de La Tourelle ilustra la cercanía que tenían Annice y Madre, lo cual era a veces casi una relación de madre-hija. También demuestra la capacidad de Annice de defender lo que creía que era correcto, aunque otros estuvieran en desacuerdo.

En La Tourelle, Madre casi no tenía dinero que llamar propio. Las finanzas eran escasas para nuestra pequeña organización, pero un miembro del personal había heredado algún dinero e iba al centro con Madre y le compraba muebles que ella escogía. Era la primera vez en su vida que había sido capaz de gastar algo de dinero en muebles, y fue capaz de amueblar la Torre en La Tourelle. Después Mark le dijo que no comprara más antigüedades y que había que poner fin a eso.

Un día Madre vino a casa con un bello jarrón de vidrio esmeralda. Era de como catorce pulgadas de alto y hecho de vidrio antiguo, y ella estaba simplemente emocionada con él. Alguien fue a ver a Mark y le dijo que Elizabeth estaba comprando más antigüedades después que le había dicho que no lo hiciera. Mark convocó una reunión en su oficina con cuatro miembros antiguos del personal, yo, y por supuesto Madre.

La reunión tuvo una vibración muy seria. Cuando entré al cuarto me pareció como si el Consejo Kármico estuviera presente. Madre sintió la presencia también y estaba muy preocupada por haber hecho algo mal.

Mark dijo que se trataba en verdad un asunto ante el Consejo Kármico. Dijo que Elizabeth había sido taimada, solapada, desobediente y rebelde. Pensé para a mí: «¡Gracias a Dios no soy yo!». Mark dijo que cada uno de los presentes tendría la oportunidad de decir algo antes de que el Consejo Kármico tomara su decisión acerca del asunto.

Cada uno tenía su opinión y todos hablaron contra Madre. Finalmente tuve la oportunidad de hablar, y dije: «Bueno, Mark, quizás no entienda el corazón de una mujer. Usted tiene sus radios CB y cámaras y ocho o diez pares de gafas, y sin embargo Elizabeth tiene muy pocas cosas. Por lo que a mí respecta, ella es muy circunspecta y cuidadosa. Ocasionalmente una mujer simplemente necesita algo lindo para su alma. Mark, usted no verifica con ella cuando compra algo que usted quiere. No veo gran crimen aquí».

Después de que todos hubieran hablado, Mark consultó con el Consejo Kármico. El resultado final fue que Madre obtuvo el perdón por su supuesto crimen. Más tarde Madre me abrazó en su cuarto de vestir y dijo: «¡Si alguna vez necesito una madre, tú lo eres! Mi propia madre no pudo cumplir su cargo espiritual, y tú eres mi madre».

En varias otras ocasiones posteriores dijo: «Si alguna vez necesitara una Madre, ya tengo una. Tú eres mi madre».

Esta es una historia personal profunda acerca de la relación entre Madre y Annice. También ofrece una revelación interesante en el sendero y de cómo los maestros ven las

La mística práctica

pruebas de la vida.

Madre estuvo sometida a disciplinas muy estrictas en su entrenamiento como mensajera. Morya había lidiado con un número de chelas y mensajeras femeninas en años anteriores que se habían convertido en divas, y estaba decidido a que Madre no siguiera el mismo camino. No iba a aguantar las tonterías humanas.

Aquí había una situación en la que Madre había desobedecido una orden directa de Mark. Nadie está por encima de la ley, ni siquiera una mensajera, y parece que la situación era lo suficientemente seria como para justificar la participación del Consejo Kármico.

Por la razón que sea, los miembros del personal que estuvieron allí asumieron una postura dura en la situación. Era cierto que había sido desobediente, pero es sabio recordar que hay dos lados para cada historia, y el motivo del corazón es importante.

Annice tomó una postura diferente a la de todos los demás. Esto debe haber requerido algo de coraje. Se necesita cierta fortaleza para conocer nuestra propia mente y el corazón y ser capaz de defender lo que no cree que sea correcto, incluso cuando todos los demás ven las cosas de forma distinta.

Madre una vez dijo que fue la maestra ascendida Porcia quien se adelantó para entregar el veredicto del Consejo Kármico en este caso. Ella es conocida como la Diosa de la Justicia, y explicó la perspectiva del Consejo Kármico como la justicia en este caso. Porcia dijo que contra del telón de fondo de miles de años de servicio de Madre a la Hermandad, este incidente era un pecadillo.

¿Marcó la diferencia el aporte de un alma sincera como la de Annice? No sabemos. Kuan Yin ha hablado de su propio apoyo a las almas ante el Consejo Kármico, implorando clemencia por aquellos que vienen ante la justicia cósmica. Quizás Annice estaba ejerciendo un papel similar en este caso. Cualquiera que conozca a Annice puede encontrar esto sorprendente, ya que es conocida por su personalidad del rayo blanco y su estricto sentido de la disciplina. Pero Annice también entendía la condición humana: ocupamos cuerpos humanos que y están sujetos a las debilidades de la carne, o incluso a las simples necesidades humanas.

Annice dice que la presencia del Consejo Kármico fue tangible en la habitación, y es interesante que quisieran escuchar a todos los presentes antes de tomar una decisión. No hay duda de que las opiniones y recomendaciones de estos chelas no ascendidos fueron tomadas en consideración en sus deliberaciones, pero posiblemente el Consejo Kármico también quería tener una noción del estado de conciencia de estos chelas. Los chelas también tuvieron la oportunidad de ver cómo su propio sentido de la justicia y la compasión se alineaba con la perspectiva superior del Consejo Kármico.

Una cosa que podríamos aprender de esta historia es que nuestras acciones diarias son importantes para el Consejo Kármico, y estos maestros pueden estar mucho más involucrados en nuestras vidas cotidianas de lo que nos damos cuenta. No en un sentido psíquico ni supersticioso, sino de una manera muy real, podemos tener una relación con estos grandes seres de luz. Una forma en la que hacemos esto es a través de cartas y peticiones que les escribimos cada año.

También podemos aprender que Dios y los maestros son misericordiosos. No siempre ven las cosas como las vemos nosotros, y miran la calidad del corazón. Su decisión y su razonamiento en este caso nos ayudan a llegar más allá del falso concepto de un Dios iracundo que nos ha llegado a veces de una cristiandad distorsionada y de dioses falsos de los Nefilín. Vemos una justicia que es un consuelo para nuestras mentes, corazones y almas.

Uno se pregunta qué sabía o no sabía Mark mientras llevaba a cabo esta encuesta. Quizás fue una iniciación significativa para todos los involucrados, incluyendo a Mark, Madre y aquellos que la juzgaban. Sin duda hubo lecciones profundas para todos.

La voz de Mark

Con frecuencia, al final de una clase Mark estaba cansado y su voz se ponía carrasposa. A veces venía con una bufanda de seda morada alrededor del cuello, que había adquirido en Darjeeling. Y cuando veíamos esa bufanda sabíamos que algo especial vendría.

Mark leía un poema cuando su voz estaba muy cansada para dar una charla. Le pedía a Tom Miller que fuera a buscar la copia de los poemas de Longfellow a su estudio. Mark había encarnado como Longfellow, y aquello era siempre un final perfecto para una conferencia perfecta, cuando Mark leía su poesía en su voz maravillosa y rica.

Después de la ascensión de Mark, Madre y yo fuimos a un balneario y estábamos ambas nadando en la piscina. «Escucha esto», dijo Madre, «Mark me está cantando». Madre podía escuchar a Mark cantándole en el balneario. Él estuvo tomando lecciones de canto poco después de su ascensión para poder ser un mejor cantante. A Mark le gustaba cantar.

A Mark Prophet le gustaba cantar, pero nunca tuvo la oportunidad de pasar por una preparación formal en su vida. La Maestra Ascendida Nada Rayborn, que fue una cantante de ópera en su última encarnación, habló una vez de la preparación para canto que ofrece a los nuevos maestros ascendidos. Explicó que, cuando ascendemos, tomamos nuestros

La mística práctica

momentums positivos con y con un cuerpo perfecto, sin las cargas y limitaciones del plano físico, podemos hacer progreso rápido en aquellas áreas que puedan haber sido difíciles para nosotros cuando estábamos encarnados. Sin embargo, el logro no es automático, aun después de la ascensión, y continuamos recibiendo entrenamiento de aquellos que tienen mayor maestría en aquellas áreas donde deseamos avanzar.

Madre dijo una vez que sabía que Mark iría a Nada Rayborn para educar la voz después de su ascensión. Y cuando Mark estuvo listo, vino a Madre, con una orquesta y un coro de ángeles, para cantar una canción de amor a su llama gemela.

Madre habló varias veces de su inclinación a tocar el piano cuando era adolescente. Pero cuando llegó a ser mensajera lo dejó, además de tejer y bordar, para enfocarse en su servicio al mundo. Dijo que al dedicar nuestras vidas a los maestros ascendidos para salvar el planeta, puede que tuviéramos que postergar algunas cosas que son de menos importancia por el bien de la misión. Dijo: «Las haré después de ascender».

Madre trabajó muy fuerte durante su vida, pero también dedicó tiempo a la recreación y el equilibrio. Y en medio de la batalla de Armagedón, dijo que su descanso y recreación eran a menudo los viajes a los retiros etéricos de los maestros durante el sueño y experimentaba el gran arte, la belleza y la música y la verdadera re-creación del alma.

Cada uno de nosotros debe encontrar ese punto de equilibrio en su propia vida. Podemos ser amables con nuestros cuatro cuerpos inferiores y darles los elementos necesarios para su salud y servicio, pero sin gratificarlos con entretenimiento a costa de nuestra misión. Este es el sendero del camino del medio.

Conociendo a Madre

En el momento en que me uní al personal en 1969, tenía cuarenta y nueve años y era uno de los miembros más jóvenes. Casi todos los demás eran mayores que yo, excepto Madre, quien tenía veintinueve.

Nadie realmente conoce a Madre si no pasó aquellos días con ella, cuando Mark se acababa de ir. Madre tenía treinta y tres años cuando Mark murió en 1973 (ella nació en 1939). Para entender realmente a Madre, había que haber estado allí con ella cuando perdió a Mark.

Cuando Mark estaba aquí, él manejaba toda la organización. Metía la nariz en todo y estaba al tanto de cada cosa que sucedía. Nada escapaba a su atención. Solía bajar al cuarto de correspondencia de noches para abrir las cartas, leer la correspondencia y ver cuanto dinero había entrado para pagar las cuentas y publicar la Palabra.

Madre estaba, estrictamente, en segundo plano. Ella era la Sra. Prophet y la madre de los niños. En las conferencias ella daba una charla y daba un dictado y Mark hacía todo lo demás. Ella pasaba gran parte de su tiempo en la Torre de La Tourelle escribiendo *Escala la montaña más alta*. Cuando Mark se fue, todo lo que él había hecho anteriormente, incluyendo la administración de la organización, inmediatamente recayó sobre ella. Todo esto era completamente desconocido para ella.

Al mismo tiempo, varios hombres jóvenes que acababan de unirse al personal competían por su atención, incluso tratando de casarse con ella y asumir el control de la organización. Tenía que rechazarlos.

Nadie sabe lo difícil que fue hacer el cambio total de la Sra. Prophet, esposa y madre, a Elizabeth Clare Prophet, mensajera y líder de The Summit Lighthouse.

Este fue un período de cambio completo en el estilo de vida para Madre. Tenía que sobreponerse a sus sentimientos de insuficiencia y a menos que la gente se diese cuenta de los tiempos difíciles que tenía en aquellos días, realmente no la conocieron. Ahora era mensajera, directora de The Summit Lighthouse y después de la Iglesia Universal y Triunfante [que fue fundada el 1º de mayo de 1975]. Era una mujer joven, y de repente el karma y la responsabilidad de todo el planeta fueron impuestos sobre ella. Esta carga continuó por muchos años.

Mark se había ido cuando tenía cincuenta y cuatro años y no se suponía que Madre tendría todo el peso del planeta sobre ella. Mark me dijo que el plan era que dos de los niños, Sean y Tatiana, llegaran a ser los siguientes mensajeros. Pero obviamente ellos decidieron otra cosa.

Un día Elizabeth vino a mí (aún no la llamábamos Madre en aquel entonces) y dijo: «Annice, vas a tener que encargarte del personal. No lo soporto. Para mí son demasiadas cosas que hacer. Haré los dictados y las clases, y tú tendrás que encargarte del personal y de la Casa Madre».

Viendo a Madre en el estrado, con el manto de los maestros ascendidos sobre ella y en la luz de sus presencias tan tangibles,

Lecciones de discipulado

podría ser fácil pensar que su victoria era casi segura y que no se enfrentaba en los tipos de dificultades que el resto de nosotros encontramos; o si tenía que lidiar con ellas, que de alguna manera la asistencia de los maestros lo hacía mas fácil. Pero por supuesto, este nunca fue el caso. Los maestros han dicho muchas veces que no hay hijos favoritos. La mensajera no era una excepción.

De hecho, los desafíos que ella encontraba requerían una determinación suprema. En 1973 Madre le dijo a su personal que originalmente su plan divino era que no llegar a ser mensajera hasta la edad de treinta y tres años, que fue cuando Mark murió. El itinerario se aceleró cuando fue al techo de su edificio de apartamentos en Boston e hizo el fiat: «¡Saint Germain, tienes que venir y llevarme ahora! ¡No puedo esperar más!».

Los maestros respondieron a este llamado inmediatamente y arreglaron en pocos días que Mark Prophet fuera a Boston. Madre lo conoció allí y su entrenamiento como mensajera comenzó. Pero como resultado de esta aceleración de su itinerario, tuvo un período de iniciación muy intenso. En pocos años breves tuvo que pasar por el proceso de purificación —mental, emocional y física— que de otra forma hubiera llevado diez años. Para poder pasar por esto, tuvo que reunir toda su voluntad y determinación. También fue un proceso doloroso a veces, como pasar por una cirugía.

Luego, cuando Mark partió, se enfrentó con lo que quizás fue un desafío aún más grande: tener que cargar con todo el peso de la actividad sola. Algunos vieron esto como una oportunidad de ganar poder para sí mismos en lugar de una oportunidad de ayudarla a llevar el peso. Afortunadamente Annice fue una de las que fueron una ayuda, como Simón el cireneo, para ayudar a Madre a llevar su cruz durante este momento difícil.

Annice tenía una perspectiva equilibrada de Madre. La conocía como Gurú y representante de los maestros, pero también la conocía como ser humano, en un sentido, una chela compañera también luchando en el sendero. A diferencia de otros, no sentía idolatría por Madre, pensando que era algo así como la perfección encarnada. Más bien, honraba el manto y el cargo que Madre llevaba y estaba dispuesta a recibir las disciplinas del discipulado de alguien que era aparentemente imperfecta.

Annice y yo hablamos acerca de su relación con la mensajera y de cómo ha cambiado desde que la mensajera se retiró y se recluyó. Annice comentó:

Todavía es posible tener una relación con Madre a niveles internos, pero la gente hoy extraña la calidez del intercambio personal y el dar y recibir de la relación Gurú-chela.

En los viejos tiempos tenías que vivir con el Gurú para entender al Gurú. He sido privilegiada de haber vivido en la misma casa con ambos mensajeros, Mark y Madre. Creo que aquellos de nosotros que conocieron a Mark y Madre están destinados a enseñar a otros. Desafortunadamente la mayoría de los que pudieron entrenar a otros se marcharon, fueron desplazados o tuvieron que irse. También parece que hoy algunas personas no están tan dispuestas a tomar instrucciones de otros o de alguien que no es mensajero, pero que ha sido entrenado por uno de ellos.

Haber sido parte del pequeño círculo de chelas con Mark en La Tourelle o en Santa Barbara fue una oportunidad que

Lecciones de discipulado

no tiene precio. Pensamos en la casa de Betania donde Jesús enseñó a María, Marta, Lázaro y los apóstoles. Los maestros han descrito aquella casa como el primer centro de enseñanza.

En años posteriores, después de la ascensión de Mark, cuando el personal contaba con cientos en vez de docenas de personas, la experiencia fue diferente. Pocas personas del personal interactuaban regularmente de forma personal con la mensajera, aparte de aquellos que la asistían en su trabajo. Pero para todos los que estaban en la comunidad, seguía siendo un momento muy especial. Veían a Madre dado que predicaba regularmente, daba dictados y dirigía sesiones de decretos. El personal también podía encontrársela en el camino y relacionarse con ella en ocasiones sociales o en la vida diaria. Se sentía tangiblemente que los maestros guiaban a la comunidad y dirigían su trabajo.

A veces los que no estuvieron allí tienen un sentido irreal de cómo era, igual que pueden tener una visión color de rosa de como era la vida con Jesús. La gente puede pensar lo maravilloso que habría sido estar allí con él, disfrutando de su amor y su luz. Pero debe haber habido ocasiones cuando Jesús y sus apóstoles estaban todos con frío, mojados y hambrientos. Tenían que caminar a todas partes y a veces debían estar cansados. A veces temían por sus vidas. Y a veces los apóstoles estaban fuera de alineamiento y Jesús los reprendía severamente.

Madre habló muchas veces de las personas que nunca conocieron a Mark Prophet y que imaginaban lo maravilloso que habría sido conocerlo. A algunos de ellos no les hubiera gustado para nada el verdadero Mark Prophet. Era abierto, era directo, era impredecible, podía ser severo, no admitía componendas con las indulgencias de las personas, podía ser irritable cuando lidiaba con las complicaciones de su cargo.

Algunas personas se ofendían cuando sus conciencias humanas eran expuestas. Algunos se ofendían cuando él no encajaba en el molde que ellos concebían para el comportamiento de un mensajero. Pero para esas personas que podían ver más allá de lo externo, la vida con Mark fue una oportunidad de conocer a alguien que estaba muy cerca de Dios, un verdadero adepto del siglo veinte.

En varias ocasiones los maestros han hablado de su deseo de que los que recibieron entrenamiento en el discipulado directamente de los mensajeros deberían pasar el entrenamiento a otros. Cuando estaba sirviendo en el personal bajo Madre, Annice hizo exactamente esto en sus muchos roles y tareas, tanto en la sede central como en los centros de enseñanza. Algunos chelas se tomaron esto bien, aprendiendo mucho de ella sobre el sendero. Algunos rechazaron lo que tenía que ofrecer.

Quizás no sea sorprendente ver lo mismo hoy. Y sin embargo, Annice estaba desilusionada y sin duda los maestros también lo estaban, al ver que el tipo de entrenamiento para el discipulado que ella recibió a menudo no era aceptado después que la mensajera se retirara. Los maestros han hablado de lo absurdo que es que algunas personas no estuvieran dispuestas a aceptar instrucción de nadie, excepto de un mensajero. Pierden muchas oportunidades de corregirse a sí mismas y progresar en el sendero. El Morya ha dicho:

> Recordad esto y escuchad bien: si no podéis llevaros bien con vuestros semejantes ni con vuestros compañeros chelas en el sendero ni prestarles servicio, entonces no os llevaréis bien con los maestros ascendidos ni les prestaréis servicio. Y así nos alejamos de

Lecciones de discipulado

aquellos que se llaman a sí mismos chelas, pero que fallan en su servicio hacia todos.

Luego siempre está el chela que dice santurronamente a otro chela en el sendero: «Bueno, yo amo a tu Ser Crístico pero no puedo aguantar tu parte humana». Presuponen entender cuál es cuál. Miran al chela y ven lo humano. Digo, mirad otra vez y poned en su lugar al Maestro que declaró: «En cuanto lo hicisteis a uno de estos mis hermanos más pequeños, a mí lo hicisteis».

¿Podéis mirarme directamente a los ojos y decirme que siempre sabéis cuándo actúa la conciencia humana y cuándo el Maestro a través de un compañero chela para poner a prueba el límite de vuestro orgullo, vuestra irritación? No necesitamos aparecernos al chela para poner a prueba su alma. Sólo tenemos que usar a otro chela para determinar cuál es el nivel de sacrificio. ¿Cuánta cantidad más del yo estáis dispuestos a sacrificar para poder conservar el privilegio de trabajar codo a codo con aquellos cuya devoción a nuestra llama puede estar mucho más allá que la vuestra?».[17]

Recuerden el famoso mandato de Morya: «¡Si el mensajero fuera una hormiga, prestad atención!».

Hubo varias ocasiones a lo largo de los años, comenzando en los setenta, cuando a Madre se le ofreció la opción de ascender o permanecer encarnada. Podemos ver la decisión que tomó. Seguramente haya sido un sacrificio, pero decidió quedarse una y otra vez. Sus hijos decidieron no tomar la oportunidad de llegar a ser mensajeros ni de continuar con la misión. Otra vez, el libre albedrío es primordial.

Sólo podemos imaginar lo difícil que debe haber sido ser el

hijo de una mensajera en una comunidad unida. Una carga que tenían era la expectativa sobre su futura misión y el hecho de que las personas a veces los trataban de forma distinta por ser hijos de los mensajeros.

Por lo que sabemos, Madre y los maestros no ungieron a un mensajero que siguiera sus pasos cuando ella dejara esta encarnación, pero esto no significa que Dios no pueda elegir a otro en el futuro, y los artículos de incorporación de la iglesia proveen un mecanismo por el cual un futuro mensajero podría ser reconocido. Madre dijo una vez que no planeaba designar a un sucesor porque si el momento llegara, y cuando lo hiciese, Dios eligiría a alguien.

La maratón a Ciclopea

El quinto rayo es el rayo de la sanación, la verdad, la precipitación y la visión. Ciclopea es el Elohim de este rayo, un gran Ser Cósmico que irradia estas cualidades a la Tierra. Su decreto es el número 50.05 en el libro de decretos de The Summit Lighthouse, una oración para la visión divina y para que la verdad o el error de cualquier situación se revele. También se usa para traer abundancia y suministro, que son las cualidades del quinto rayo. Annice y Madre una vez tuvieron una experiencia muy interesante con este decreto.

En 1974 estábamos teniendo problemas en Santa Bárbara. Ninguno de los problemas venía desde dentro, tal como sucede ahora. Todos venían desde fuera. Había problemas con los vecinos, que nos odiaban; problemas de delimitación del terreno. Mark acababa de ascender y nos había dejado, y Madre se estaba ajustando para pasar de ser la esposa y madre de sus cuatro hijos a ser la mensajera y estar a cargo de toda la organización. También estábamos lidiando con brujería y magia negra en las ciudades de Los Angeles y Santa Barbara, y había problemas con el dinero y los ingresos.

Madre me dijo un día que Morya quería una maratón dedicada a Ciclopea. Nadie tenía idea alguna de qué era eso exactamente, pero Madre dijo: «Tenemos el foco de la

Voluntad de Dios [una pequeña capilla en los terrenos de la Casa Madre] y podemos juntar a todos y hacer una vigilia de decretos de veinticuatro horas dedicada a Ciclopea en la que las personas se turnen durante todo el día».

El Summit University estaba en sesión, así que eso fue lo que hicimos. Hicimos una maratón de veinticuatro horas a Ciclopea. Sólo hicimos decretos a Ciclopea todo el día y nada más.

Al día siguiente apenas nos podíamos mover. Madre me llamó y me preguntó: «¿Annice, cómo te sientes?».

«¡Terrible!».

Madre dijo: «Apenas me puedo sostener».

Le dije a Madre: «No creo que las veinticuatro horas de decretos a Ciclopea fuera una buena idea. Algo no está bien».

Madre dijo: «Le preguntaré a Morya».

Morya le dijo: «Querida mía, nunca hagáis Ciclopeas sin continuar después con la llama violeta. Los decretos a Ciclopea expondrán el mal y traerán problemas a vuestro conocimiento, por eso debéis hacer llama violeta para disipar lo que ha sido expuesto».

¡Todos vivimos y aprendemos en el sendero! Y en este caso, Madre y Annice descubrieron gracias a esa experiencia que hay una forma correcta y otra incorrecta de hacer una maratón a Ciclopea. Pero a pesar de no tener la mejor estrategia, Madre dijo que esta maratón sirvió para producir la revelación de la conspiración de Watergate y las actividades ilegales en la Casa Blanca de Nixon. Aparentemente Morya no le dijo a Madre el propósito final de la maratón, pero ella fue obediente a su dirección y el objetivo fue logrado.

El decreto a Ciclopea expondrá los problemas y los sacará

Lecciones de discipulado

a la superficie. Lo que está escondido es revelado, pero lo que Annice y Madre descubrieron es que no se puede quedar ahí. La oscuridad que es revelada debe ser tratada, a través de llamados a juicio, transmutación, Astreas y todo lo que sea necesario para limpiarla. La energía sin transmutar era lo que hacía que Annice y Madre se sintieran tan mal. Fueron obedientes a la directiva del Maestro pero sufrieron porque no habían sopesado las consecuencias de lo que estaban haciendo y no habían pensado en preguntar.

Hemos aprendido mucho desde entonces. Madre ha dirigido muchas maratones, incluyendo las maratones a Ciclopea. Ha dado instrucciones a los líderes de decretos y demostrado la ciencia de dirigir decretos para fines determinados. Por ejemplo, cuando hacemos un gran bloque de decretos a Ciclopea, lo precedemos con decretos para la protección y continuamos con decretos de llama violeta (y llamados a Juicio y decretos a Astrea si hay tiempo) para limpiar y transmutar lo que ha sido expuesto.

Bajo la dirección de Madre, Annice y su personal en la Oficina de Ministerio publicaron un Manual de Servicios hace unos años explicando como dirigir una variedad de sesiones de decretos para los que tienen más experiencia en decretos y también para estudiantes nuevos. Este manual contiene mucha instrucción valiosa sobre cómo estructurar un servicio de decretos eficazmente.

Una conclusión interesante de esta historia es que algunas de las enseñanzas que tenemos hoy sucedieron por error y omisión. El maestro puede dar una instrucción, pero el chela también debe usar sentido común y hacer preguntas esclarecedoras si es necesario. De la misma manera, cuando Madre daba instrucciones al personal, se esperaba que éste llevara a cabo las instrucciones como fueron dadas, pero también se esperaba que aplicaran lo que habían aprendido previamente y no simplemente que llevaran a cabo una acción como robots, sin pensar en las consecuencias. Si algo no estaba claro, se esperaba que preguntaran, en vez de decidir hacerlo de forma diferente y unilateralmente.

Annice y Madre

Annice habló varias veces acerca de su relación con Madre. He aquí dos fragmentos:

Madre y yo teníamos una relación normal. Éramos tan sólo niñas juntas. Ni siquiera sabría como escribir un libro sobre de ella. Todo lo que pude hacer es escribir un libro sobre de Mark y llamarlo *Memorias de Mark*.
No puedo escribir un libro pequeño y agradable como el que escribió Evelyn Dykman *[Dulce misterio de la vida]*. Pasaron demasiadas cosas, y la mía era una historia con los pies más en la tierra. Madre decía que era como de la familia.

Sólo unos cuantos chelas tuvieron este tipo de relación con Madre. Para varios de los que tuvieron una relación personal, al pasar el tiempo ésta llegó a ser un caso de «familiaridad que engendra desprecio». Veían la idiosincrasia humana de Madre y no podían respetarla más en su papel como mensajera y Gurú, y la mayoría ya no están aquí.
Por otro lado, para muchos de los chelas devotos era difícil ser simplemente un amigo de la mensajera cuando ella necesitaba un amigo. Quizás esto no sea tan sorprendente: una amistad personal con tu supervisor conlleva desafíos en una situación normal de trabajo, pero el rol de Gurú tiene la

carga adicional de estar activo veinticuatro horas del día. Madre hablaba de cierta soledad que esto le creaba.

Annice fue capaz de tener una relación con Madre cotidianamente, pero también de relacionarse con ella en la relación Gurú-chela y alternar cuando era necesario. Tanto si Annice se encontrara favorecida o desfavorecida, de vez en cuando, en lo que al discipulado se refiere, al pasar por las disciplinas del sendero, la relación familiar continuaba a través de estos altibajos temporales.

Annice se sentía cómoda alrededor de Madre y Madre podía estar a gusto con ella. La pequeña historia a continuación ilustra un aspecto de esta relación.

Cuando estaba trabajando con Madre en *Escala la montaña más alta,* volaba frecuentemente de la Tourelle a Santa Bárbara, y me estaba cansando.

Madre me dijo un día: «Pareces apesadumbrada».

Le dije: «Estoy simplemente cansada de decirle a las personas lo que tienen que hacer. Sólo me quiero acurrucar, como un gatito, en una mecedora, sentada al sol».

Madre soltó una risita; nunca la había escuchado reírse así. Dijo: «Con tanto azul en tu aura, es difícil imaginarte como una gatita».

La mensajera ve el cinturón electrónico

A Mark realmente le gustaba Lester. Eran buenos amigos. Sin embargo, Madre y Lester no siempre se llevaban bien. Había veces cuando a él no le gustaba Madre y a Madre no le gustaba él.

Por un período de tiempo, Lester fue el fotógrafo oficial de la organización. Pero había un problema. Cada vez que tomaba una fotografía de Madre, ella siempre cerraba los ojos. Esto ocurría todas las veces. El resultado era que las fotografías no se podían utilizarse.

Finalmente Madre me dijo un día: «No puedo evitarlo, Annice. Lo he intentado. Pero cada vez que lo veo, lo único que veo es su cinturón electrónico».

El Gurú puede ver quiénes somos y quiénes no somos. De alguna manera esto puede sacar a la luz nuestros peores temores. Nadie quiere pensar que el Gurú es capaz de ver nuestros aspectos negativos. Y eso exactamente es el cinturón electrónico: el depósito de la oscuridad que hay en dentro de nosotros de esta vida y las pasadas.

Los mensajeros nos han dicho que a veces Dios les mostraba algo que necesitaban ver sobre uno de sus estudiantes para poder rezar por él para señalar un defecto. Pero la mayoría de las veces preferían no ver estas cosas, aunque podían. En su lugar, escogían mantener el concepto inmaculado cada chela, la imagen divina de cada como un ser perfecto.

En su libro *Comunidad,* Madre dice: «Los amo incondicionalmente, y no estoy sentada, mirando su karma, sus registros, su aura y todo eso. No estoy interesada en eso. Estoy interesada en Dios en ustedes».

Madre y Morya entrenan a Annice como escritora

Un domingo por la noche en Santa Barbara, Madre me llamó y dijo: «¿Annice, qué estás haciendo?».

«Estoy recostada en un tabla inclinada porque me duele la espalda».

«Entonces no iré a verte. Te hablaré por teléfono. Ha habido un gran cambio en el grupo White Lodge, en Del Mar. Estoy segura de que Morya lo ha arreglado. Todos los directores de la Junta son Guardianes de la Llama y votaron por mí para asumir el cargo de Guardián del Santuario.

«White Lodge es un grupo que está acostumbrado a una revista mensual, así que Morya dice que tenemos que escribir una revista mensual. ¿Sabes cómo escribir?».

«¡No! Usted sabe lo que he hecho. No tengo experiencia».

«Bueno, no tengo tiempo para escribirlo y Morya dice que tú deberías de escribirlo».

«No sé qué hacer».

«Deberían ser las enseñanzas de los maestros, pero inicialmente no deberíamos decir mucho de ellos porque White Lodge fue una organización espiritual fundada por su maestro

Azrael».*

Así que escribí unos pequeños folletos y Madre me supervisó. Lo que hice fue básicamente encontrar las enseñanzas en dictados y charlas y juntarlas. A veces Madre venía a visitarme y decía: «¿Que estás haciendo, querida? ¿Cortando y pegando como un gran rompecabezas?».

En los primeros meses, Madre revisaba palabra por palabra. Cada palabra era aprobada por ella. La seguía a todas partes —incluso a la peluquería o al gimnasio— para que pudiera verificar cada palabra de aquellos folletos de la *Cristalización de la llama de Dios*. Finalmente, después de seis meses de supervisión en cada aspecto del trabajo, dijo: «Esto no tiene sentido. Estás haciendo un buen trabajo y sabes lo que haces. Continúa haciéndolo. No necesito verlo con tanto detalle».

Después de eso, Madre todavía revisaba cada folleto antes de que se imprimiera, pero ya no con tanto detalle como antes. Un día en el Ashram de la Madre del Mundo, en Los Angeles (nos habíamos mudado allí para aquella época) ella estaba aprobando un folleto sobre el Maha Chohán, y me dijo: «¡Morya dice que Annice está haciendo un muy buen trabajo cortando y pegando, pero quiere que ella escriba!».

Era el tipo de mensaje que recibía de Morya. Nunca me dio una palmada en la espalda, diciendo: «Querida alma dulce». No, los comentarios de Morya hacia mí eran siempre de instrucción o corrección, lo cual promovía mi crecimiento espiritual.

---

* La mensajera ha explicado que Azrael no fue un maestro ascendido. Sólo fue un espíritu desencarnado común y corriente que pasó a dictar una serie de libros a través del canal psíquico que fundó White Lodge. Las enseñanzas de los libros de Azrael eran básicas e introductorias, pero contenían un grado de inexactitud junto con la verdad.

Le dije a Madre: «Dígale a Morya que nunca estudié cómo escribir en la universidad. Me gradué de latín y francés».

¿Te imaginas la respuesta que obtuve de vuelta?

Morya dijo: «¡Dile a Annice que tampoco ha escrito en latín o francés!».

Me hubiera escondido debajo de la mesa.

Hasta hoy no sé si escribí libros obscenos en la Atlántida o si sólo me negué a escribir. Pero claramente el maestro quería que escribiera para cumplir mi plan divino y completar una misión comenzada hacía tiempo.

Morya tenía toda la razón. Nunca escribí nada. Simplemente cortaba y pegaba y tejía cosas, sin costuras. Cada folleto de la *Llama de Dios* en aquel momento era un milagro de coordinación. Las oraciones eran construidas a partir de varias fuentes y encajaban entre sí con absoluta perfección. No tenía que agregar ni un «pero» ni una «y».

Cada *Cristalización de la llama de Dios* contenía enseñanzas de un rayo en particular. Así que con el cuarto rayo y el Maestro Serapis Bey, comencé a escribir mis propias palabras.

Madre me dijo que en estas publicaciones en particular estaba perfectamente bien que presentara la enseñanza de los maestros con mis propias palabras, sin citarlos directamente. Revisó el de Serapis Bey, y dijo: «Has hecho un buen trabajo». También añadió un párrafo al folleto. Le dije: «¿Qué quiere sacar?».

Dijo: «A qué te refieres?».

Expliqué que el folleto estaba limitado a dieciséis páginas y si se añadía un párrafo, otro tendría que ser eliminado ya que estábamos en el límite. Dijo: «¡Bueno, bien! Saca el mío. Me gusta más el tuyo».

La mística práctica

Hubo alrededor de seis más de estos folletos publicados después de este, y luego dejamos de producirlos. He aquí el por qué.

Los escribía una vez al mes y los enviaba a una lista de suscripción. Durante aquellos años viajaba de Santa Barbara y San Francisco a La Tourelle llevando conmigo el trabajo de la *Llama de Dios* dondequiera que iba. Tenía tipógrafos en cada lugar y los folletos eran impresos en Santa Barbara. Los folletos contenían enseñanzas acerca de los diferentes maestros. Mi plan era hablar de los Siete Chohanes, luego de los Siete Arcángeles y luego de los Siete Elohim. Acabé con los chohanes y estaba en medio de los arcángeles cuando Madre me llamó para hablar conmigo otra vez. En este momento yo estaba a cargo de la Oficina de Ministro. La llamábamos OCN [Oficina del Coordinador Nacional] en ese entonces.

Madre dijo: «Annice, quiero que vayas a Londres mañana. Necesito que destituyas a un líder de un grupo de estudio».

«Madre, me encantaría ir, pero no he terminado mi *Llama de Dios* para este mes».

«Bueno, tus viajes tienen prioridad».

Y aquella fue la última *Llama de Dios* que hice.

Gracias a Dios muchas de las enseñanzas que las *Llamas de Dios* contenían están ahora disponibles en el libro *Los maestros y sus retiros*.

Un cambio repentino de tarea de los maestros o del mensajero era algo que podía suceder en cualquier momento para los que servían en el personal. Annice era obediente y dejó el proyecto para hacer la siguiente tarea. Entonces se hizo evidente que la primera tarea estaba terminada. Esa era la vida con los mensajeros. Annice sabía que los proyectos comenzados no

Lecciones de discipulado

siempre se terminaban o que un proyecto podía evolucionar o cambiar para convertirse en otra cosa.

Esta historia ilustra la importancia del sentido del tiempo en el trabajo para los maestros. Los maestros nos enseñan que a menudo hay un cierto ciclo o período de tiempo para un proyecto en particular, y si la tarea no se termina en el tiempo dispuesto, es mucho más difícil o incluso imposible retomarlo más tarde. Es casi como si el ciclo o la onda de energía para aquella tarea hubiera pasado. Lanello dice:

> Hay muchas cosas en las tareas del día que no pueden ser postergadas para el día siguiente, ya que cuando son postergadas y el moméntum mengua, muy a menudo el ciclo se pierde y el proyecto no se termina. ¡Y qué difícil es terminar ese proyecto cuando tenéis que arrancarlo otra vez y comenzar todo de nuevo! Así que entended que esto es la vida: la vida que es medida por el alma y el corazón y el Santo Ser Crístico.[18]

Annice siempre terminaba lo que empezaba. Le gustaba completar cada tarea que se le daba. Pienso que fue difícil para ella no haber completado la serie de los arcángeles en las revistas de la *Cristalización de la llama de Dios*. Conservó las notas durante años, archivadas en un cajón de su oficina. La finalizadota que Annice llevaba dentro sintió gran satisfacción al ser capaz de incorporar aquella información en *Los maestros y sus retiros*.

Una interesante nota al margen en esta historia es que a Annice se le dijo que fuera a Londres a realizar una tarea difícil y no placentera, destituir al líder de un grupo. Esta no es una decisión que la mensajera hubiera tomado ligeramente o sin una muy razón buena.

La mística práctica

En ocasiones, cuando tales acciones se tomaban, a menudo causaba confusión en un grupo. Aun así la decisión se tomaba no sólo para el bien de la comunidad, sino también, fundamentalmente, por el bienestar del alma individual. Cuando se habían intentado otras medidas sin resultado para obtener una corrección necesaria, una medida enérgica podía ser la única esperanza para despertar al alma de un estado fuera de alineamiento y rescatarla para que no hiciera más karma.

Las personas a menudo no se daban cuenta de que Annice estaba trabajando bajo la dirección de la mensajera al realizar estas tareas difíciles. La mensajera confiaba en ella y la entrenó en el manejo de estas situaciones. A menudo tenía que entregar un mensaje específico a la otra parte y entregarlo con la llama, la vibración y la energía del maestro y con todo el cargo del manto de la mensajera. Era instruida frecuentemente para que entregara el mensaje exactamente como le había sido dado, sin suavizar el golpe.

Las personas receptoras de tales disciplinas a veces reaccionaban con rabia e incluso odio personal hacia Annice. Desafortunadamente, estas personas no percibían la mano del maestro trabajando a través de los eventos. Perdían la oportunidad de recibir la disciplina y de usarla como un estribo para hacer cambios muy necesarios en sus vidas. Annice llevaba directamente la carga de esta reacción y la llevaba de buena gana, por el bien de los maestros y la misión.

La siesta

En muchas ocasiones, a la salida de un restaurante o regresando de los recados, Annice me decía: «Hora de echarse una siesta». Entonces la llevaba a su casa, y se iba a dormir.

Todos los amigos de Annice sabían que se echaba la siesta todos los días desde la 1:30 hasta las 4 de la tarde. Pero trabajaba durante una semana muy completa, a menudo por las noches y los fines de semana.

Una vez Annice me contó cómo comenzó su costumbre de echarse la siesta.

Helen MacDonald me habló de tomar siestas. Ella tenía un doctorado y, sin embargo, cocinaba para el personal. Helen se echaba la siesta después del almuerzo. Se desvestía para relajarse completamente.

Pensé que esto era una tontería hasta el día en que otro miembro del personal trató de estrangularme. Estaba reunida con él y con otros dos hombres del personal cuando él pidió algo de dinero para un proyecto. Dijo que tenía que dárselo, pero me negué ya que no había presupuesto para él, y no había fondos. Volvió a pedir, y me negué otra vez. Luego vino por detrás de su escritorio y me agarró por la garganta. Lo aparté con la ayuda de otros y me marché precipitadamente en mi auto.

No pude dormir en toda la noche. Al día siguiente Madre me preguntó: «¿Qué anda mal?». Después de decirle que no podía dormir, Madre quiso saber por qué, así que le dije lo que había sucedido.

Me explicó que no podía dormir porque mi pobre cuerpo elemental estaba conmocionado y porque no era seguro para mí dejar mi cuerpo cuando esta persona estaba tan furiosa, así que mi Santo Ser Crístico no me permitía dormir. Me dijo que fuera a su cuarto y me echara una siesta. Cuando llegué a casa Helen MacDonald me hizo la misma pregunta e insistió en que me echara la una siesta.

De vez en cuando, después de eso, Madre me preguntaría si me estaba echando la siesta. Años más tarde, en los noventa, cuando trabajábamos en unas publicaciones cerca de la casa de Madre en el Retiro Interno, ella insistió en que fuera a su casa y que durmiera en su cama durante mi siesta. No quería que descansara en un catre plegable de lona. Así que eso fue lo que hice durante casi un año, yendo y viniendo de la casa de Madre por las tardes.

Aparte de los beneficios físicos, una siesta corta puede a veces ser una manera de dejar tu cuerpo por un momento, para eliminar el estrés y recargar energías en las octavas de luz. Quizás era esto lo que Annice estaba haciendo con sus siestas.

La mensajera tenía su propia forma de hacer esto. Vivía con la epilepsia de ausencia desde su niñez. En una ocasión habló de esta enfermedad como una ausencia de su cuerpo por cortos intervalos de tiempo como una forma de liberarse de las cargas del mundo. Era una manera de entrar a las octavas de luz por períodos microscópicos.

Para el juicio

A lo largo de las décadas de la historia de The Summit Lighthouse muchas personas han venido y se han ido. Unas pocas se han convertido en críticos pronunciados de los mensajeros y la organización. Esto incluye incluso a aquellos que estaban en puestos de responsabilidad y que trabajaron estrechamente con Mark y Madre.

Estaba hablando de esto con Annice un día, preguntándome por qué experimentábamos estas traiciones repetidamente por parte de aquellos a quienes hemos considerado amigos y chelas compañeros. Annice me contó una conversación que una vez tuvo con Madre.

Un día le dije a Madre: «¿Madre, por qué hay tantas personas que causan problemas alrededor suyo?».

Ella dijo: «Querida, te lo he dicho antes. Encarné para producir el juicio». Dijo esto dos veces.

Hace mucho tiempo, en la hora de la rebelión de los ángeles caídos contra Dios, los maestros nos han dicho que la mensajera, en aquel entonces, teniendo un cargo en la jerarquía angelical, se ofreció para encarnar con el fin de persuadirlos a que volvieran al servicio de Dios y también para contrarrestar la oscuridad que impondrían a los niños de Dios. Alfa y

Omega le concedieron esta petición y explicaron que durante ciertos ciclos de oportunidad, estaría con estos ángeles caídos como su madre. Al fin de esos ciclos, si no hubieran vuelto a servir a la luz, ella sería su juez.

Algunos de esos ángeles caídos han caminado por los pasillos de The Summit Lighthouse y Summit University y han servido en el personal. La tarea de la mensajera era prestarles servicio, darles la enseñanza, extender el amor de Dios hacia ellos, ayudarlos a saldar su karma y darles la visión de la vida al servicio de Dios. Algunos respondieron. Otros, sin embargo, se volvieron en contra de los mensajeros y los maestros.

A menudo era una sorpresa ver que esto sucedía, en algunos casos casi de la noche a la mañana. Pero esto era parte del proceso de elaboración del juicio de Dios, la separación de la luz y la oscuridad. Estas personas tenían que ser llevadas al punto en el que estaban antes de su rebelión original contra Dios, con una medida del karma saldado, sabiendo que la enseñanza y el sendero son verdaderos, conociendo el amor y el perdón de Dios y teniendo la visión de su reino. Era casi sorprendente ver que algunos de ellos, conociendo todo esto, tomaron la misma decisión que habían tomado, hace millones de años, de volverse contra Dios con rabia y rebelión.

No mucho tiempo después de retirarse, Madre dijo: «No se alteren. Morya está a cargo. Las personas están tomando sus decisiones».

El peso del mundo

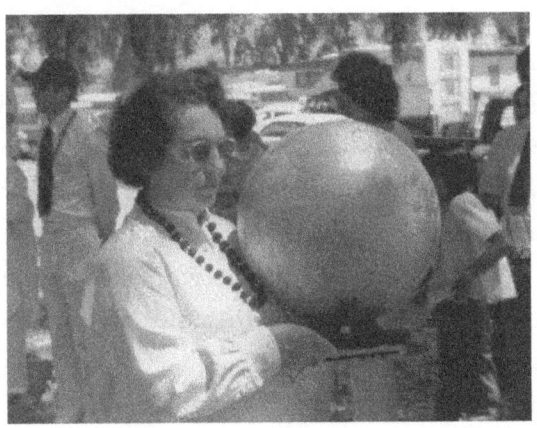

Esta fotografía de Annice llevando un globo del mundo fue tomada en 1978 durante la ceremonia en la cual nuestra sede fue mudada de un campus alquilado en Pasadena a Cámelot, una propiedad de 218 acres en Santa Monica Mountains, detrás de Malibú. Annice una vez me contó la historia detrás de esta fotografía que revela mucho sobre la mensajera al igual que sobre Annice.

Esta foto fue tomada cuando nos mudábamos de Pasadena a Cámelot. A varios miembros del personal se les dio focos santos del altar en Pasadena para llevarlos a la capilla en Cámelot.

La mística práctica

Llevamos estos focos, incluyendo estatuas, imágenes y cristales a través de los portones de Cámelot, por el largo camino de entrada, sobre el puente de Swan Lake, a través del arco, al otro lado de Excalibur Square, peldaños arriba y por el pasillo de la nueva capilla, que habíamos llamado la Capilla del Santo Grial.

Las personas traían los focos uno por uno, y Madre los recibía y colocaba en el nuevo altar. A todos se les había dado algo que llevar. Yo tenía el globo del mundo, que había estado en el altar de Pasadena.

Sucedió una cosa increíble. Mientras llevaba el globo, éste se hizo más y más pesado, hasta que casi me tambaleé. Sentí que estaba literalmente cargando el mundo. Cuando Madre me vio cargando el globo bajó del altar y me lo quitó, diciendo: «¿Se está haciendo muy pesado, querida? Me lo puedes dar a mí. Lo has llevado el tiempo suficiente. Yo lo tomaré desde aquí».

El rol de los mensajeros es mantener el equilibrio del karma del mundo. Sabía que al cargar el globo por un período de tiempo corto iba a sentir un poco el peso del karma del mundo que los mensajeros cargan. Me alegró devolver el mundo a la mensajera, quién tenía el manto para llevarlo. Sabía que Madre me lo estaba quitando otra vez.

Un libro para cada conferencia

Madre se estaba reuniendo con algunos de los miembros más antiguos de su personal alrededor de la mesa del comedor, en su casa en Broad Beach, cerca de Cámelot. Siete de nosotros estábamos presentes hablábamos sobre de proyectos editoriales.

Jesús le habló a Madre, y dijo: «Desearía que hicieran un libro de cada una de las conferencias. Nosotros [la Gran Hermandad Blanca] hemos dado cada una de ellas como una espiral y una matriz».

Me tomé en serio lo que Jesús dijo y corregí todas las charlas y dictados de una conferencia. Tenía todo listo para que saliera. Pero un miembro del personal le dijo a Madre: «¡Parece una broma! ¡Nadie lo leerá!». Y así el proyecto no fue a ninguna parte.

Cuando los maestros y los mensajeros están trabajando con los chelas encarnados, siempre lidian con la ecuación del libre albedrío. Los maestros pueden dar una instrucción, pero depende del chela el llevarla a cabo. La estimulación o el desaliento de un chela o miembro del personal podía afectar al resultado de un proyecto e incluso la decisión del mensajero.

Madre habló una vez de una situación en una ciudad en particular donde los maestros habían pedido el establecimiento de un centro de enseñanza. Los estudiantes allí no estaban haciendo lo que los maestros habían pedido, tenían varias razones por las que no podían o no querían. Madre explicó que podía ir allí, ser muy severa con ellos y exigir que cumplieran lo que los maestros habían pedido. Probablemente lo harían, pero sería a regañadientes y probablemente sabotearían el proyecto subconscientemente y lo harían fracasar, demostrando así que llevaban razón desde el principio. Así que ella respetó su libre albedrío y los dejó con sus especulaciones.

Los maestros respetan el libre albedrío y a menudo no interfieren con las decisiones de sus estudiantes. Es una responsabilidad aleccionadora el darse cuenta de cuánto los maestros dependen de nosotros y cuánto control tenemos sobre lo que pueden realizar en este plano.

El maestro no dio un plazo para su proyecto de publicar un libro para cada conferencia y todavía se podría hacer como un proyecto de publicación en el futuro. Annice a menudo decía que le encantaría ver un libro basado en el Retiro de la Ascensión, el sobresaliente seminario dirigido por la mensajera en San Francisco, en agosto de 1979. Cuando los maestros planean una conferencia, ven múltiples usos para el material y comienzan con el fin mente.

Un centro en París

Una vez traté de comenzar un centro de enseñanza en París. Los maestros habían pedido centros de enseñanza en París y Roma. Estaba en la Oficina del Coordinador Nacional en Cámelot en el momento en que se dio la instrucción fue dada. Hice inmediatamente mi maleta y fui a Francia, determinada a empezar un centro de enseñanza allí. Antes de salir verifiqué la lista de la membresía y descubrí que no había un solo Guardián de la Llama que viviera en París.

Cuando llegué, fui a la Embajada de los Estados Unidos. Les pregunté: «¿Cómo alquilo un apartamento en París?». Me dijeron que no podía alquilar un apartamento ya que sólo tenía un visado para permanecer tres meses en el país. Se necesitaba tener residencia para alquilar un apartamento en París. Esto no iba a funcionar. Intenté todo lo que se me ocurrió, pero al final tuve que salir de París sin tener un centro allí.

Fui a Roma y me encontré exactamente con lo mismo. No sé por qué nunca tuvimos un centro en París o Roma.

La petición de abrir centros en París y Roma fue realizada por Jofiel y Cristina el 1º de enero de 1981. Dijeron:

> Amados, vosotros que apreciáis los santuarios, las catedrales, la historia, la cultura del Gran Director Divino en Europa, ¡abrid vuestros corazones! Dad

vuestra vida y todo vuestro apoyo en abundante medida. Ya que nosotros, este mismo día, abriríamos nuestro retiro en París si las almas de luz se ofrecieran a ser las anfitrionas de tal santuario de Saint Germain y el Maestro de París. Pero comenzamos en Roma, el hogar eterno de los ángeles, portadores de luz. Y la ciudadela de los Nefilim.[19]

Annice hizo todo lo posible por hacer la voluntad del maestro y con la aprobación de la mensajera, viajó a París y Roma para establecer centros de luz. Y sin embargo parecía que no se podía hacer en ese momento. Podríamos preguntarnos por qué los maestros pedían algo que parecía imposible de llevar a cabo entonces.

Una posibilidad es que había personas específicas que estaban destinadas a cumplir esta petición de los maestros, que tenían los medios de hacerlo pero que no respondieron. Recientemente me enteré de que había personas viviendo en Italia en ese mismo momento que estaban estudiando las enseñanzas, pero no estaban en nuestra lista de correo y Annice no sabía que estaban allí. Quizás hiciera falta más trabajo espiritual para liberarlos, limpiar los obstáculos y hacer las conexiones necesarias en lo externo.

No sabemos todo lo que los maestros vieron en esta situación, pero Madre más tarde dijo a sus estudiantes que la razón por la cual era difícil establecer un centro en París era debido a los registros de la Revolución francesa. Saint Germain había estado en Francia en aquel momento como le Conde de Saint-Germain, «el hombre maravilla de Europa», y había estado trabajando con la corte y la familia real, motivando reformas y tratando de evitar la debacle que se produjo cuando su consejo fue ignorado. El karma de estos eventos fue una carga sobre las personas que hizo más difícil que la luz se anclara allí.

Nada ocurre en vano, sin embargo. Annice estuvo en aquellas ciudades e hizo llamados, e hizo decretos. Uno nunca sabe lo que esta acción pueda haber prevenido en términos de retornos kármicos o qué karma personal o deuda a la vida Annice fue capaz de saldar con simplemente estar en la ciudad. Más tarde Madre reveló a Annice que ella y Madre habían encarnado juntas en aquella ciudad durante la Revolución francesa, como Madre e hijo. Madre era María Antonieta y Annice era su hijo, el delfín.

Pocos años más tarde, en otoño de 1984, otros dos chelas viajaron a París en otra misión de los maestros. Ruth Hawkins fue allí con otro devoto, anclando la luz a petición de su llama gemela, Pablo el Veneciano. Alquilaron un apartamento donde decretaron por Francia cada día durante cuatro meses, mañana, tarde y noche. Pueden leer la historia de sus experiencias en *Los maestros y sus retiros*.

El ejemplo de Ruth es algo que cualquiera de nosotros puede emular. Siempre llevaba con ella un montón de Gráficas de Tu Yo Divino, tamaño billetera. Cada vez que tenía una oportunidad, le daba una gráfica a alguien. Para cuando dejó París, muchos de los artistas tenían una fotografía de la gráfica en sus caballetes. Ruth y su amiga también hicieron muchos decretos de llama violeta, media hora, tres veces al día. Sintieron que había mucha dureza en la ciudad y que la llama violeta era necesaria para suavizarla de manera que la gente pudiera aceptar la luz. Cada jueves las dos mujeres guardaban una vigilia para la juventud.[20]

Ruth es ahora una maestra ascendida. Su llama gemela es el Chohán del tercer Rayo del Amor Divino. Él es el jerarca del Château de Liberté, su retiro en el plano etérico sobre el sur de Francia, en el río Ródano. Pablo auspicia la cultura de los maestros ascendidos para esta era y trabaja con todos los que deseen llevar aquella cultura hacia adelante en nombre de la humanidad.

Incluso hoy día establecer un centro para los maestros ascendidos en una ciudad es una meta importante. No hay servicio más grande que puedas prestar a tu ciudad y nación que el de establecer un centro, aunque sea humilde, para mantener la llama en el altar y recibir a los nuevos estudiantes en nombre de los maestros ascendidos. No es tarea pequeña, pero tiene grandes recompensas.

Jofiel y Cristina hablaron de esto en su dictado:

> Benditos corazones, ha habido una gran acto de resistencia en el foco de luz en Nueva Delhi.* Vórtices de energía penetrando en Asia han marcado toda la diferencia en el equilibrio de poder entre Oriente y Occidente. Con el aumento de centros de enseñanza en las ciudades de la Tierra, hay esperanza para toda la Gran Hermandad Blanca por los milagros y más milagros que ocurrirán en la Tierra.
>
> Oro entonces para que no contéis el costo personal en vuestra vida: no el costo del sacrificio o servicio o entrega o aquel altruismo que es el requisito del momento.[21]

En unas pocas ciudades del mundo, los maestros ascendidos tienen focos físicos para sus servicios. Uno de esos retiros está en la ciudad de París, donde un maestro conocido simplemente como el Maestro de París tiene un retiro (su verdadera

---

* El Ashram de la Madre del Mundo fue establecido el 17 de abril de 1980.

función desconocida para el mundo exterior), el cual visita con frecuencia en una forma física. Los mensajeros han dicho que este retiro...

> ...es una hermosa residencia antigua, como un castillo, con muchas ventanas con vista a la ciudad de París. Este foco es mantenido por sus discípulos y es utilizado frecuentemente por los maestros como un lugar de reunión en París desde el cual pueden dirigir las energías necesarias para mantener el equilibrio para los gobiernos de Europa.

El Morya ha hablado del deseo de Saint Germain de tener focos físicos de luz en las ciudades del mundo, como el del Maestro de París: «Saint Germain no se contenta con entrenar a las almas en los retiros etéricos de la Gran Hermandad Blanca. No, está decidido a tener focos como el foco del Maestro de París, un hogar de luz en la octava física, un hogar de luz en la ciudad, un hogar de luz donde almas pueden ser recibidas».[22] Los maestros necesitan estudiantes para mantener estos focos. Morya pidió a los incondicionales, los constructores y a los pioneros que dieran el paso adelante.[23]

Aceptando la ayuda de otros

Annice comentó un día acerca de una persona que no quería aceptar la ayuda de otra, aun si estuviera enferma o necesitada de ayuda. Dijo:

Necesitamos aceptar la ayuda de otros. Aprendí esto cuando me estaba recuperando de la cirugía del corazón y tenía que ponerme esas apretadas medias antiembólicas todos los días. Simplemente no me las podía subir yo misma. Así que todos los días llamaba a Susan Kulp y ella venía y me subía las medias.

Annice reía al recordar la situación. Había sido con humildad y le gustaba la privacidad, pero también estaba agradecida por la ayuda que Susan le había proporcionado.

A menudo los maestros planifican situaciones donde nos vemos forzados a aceptar ayuda de los demás. La primera Madre de la Llama, Clara Louise, sufrió una enfermedad al final de su vida para aprender que necesitaba aceptar amablemente la ayuda de los demás.

La Maestra Ascendida Clara Louise encarnó como Clara Louise Kieninger en su última vida, una estudiante de los maestros ascendidos y la primera Madre de la Llama de la Fraternidad de los Guardianes de la Llama. Clara Louise había sido el apóstol Santiago en la época de Jesús. Escribió la historia de su vida en su libro *Ich dien*, que ofrece una percepción del viaje del alma en el sendero espiritual antes de la ascensión.

Entrenando a tu reemplazo

Madre me dijo: «Quiero que entrenes a todos en ese departamento sobre cómo haces lo que haces. ¿Quién es la siguiente persona que ha de asumir la responsabilidad de la Oficina de Ministerio?».

Nombré a una persona con la que estaba trabajando en ese momento y me ayudaba en la administración y otras tareas.

Madre continuó: «Cada vez que estás al teléfono, ponla a tu lado. Cada vez que des consejería o resuelvas un problema, quiero que sepa exactamente lo que haces. Se convertirá en tu sombra».

Esta afirmación me recuerda mi propia experiencia con Mark. Me acuerdo de cuando me solía sentar en la oficina de Mark. Era su secretaria de correspondencia, pero nunca escribí una carta. Mark revisaba toda su correspondencia y yo la archivaba. Llené un gabinete de cuatro cajones de lo que consideraba basura: cosas como catálogos sobre cinturones, billeteras y camisas.

Cuando le pregunté sobre esto, Mark dijo: «No sabes cuando pueda necesitarlo». No me permitía que tirara nada de eso, aún cuando protesté porque parte de eso tenía tres años y no era posible que lo necesitara.

Después de que muriera me di cuenta de que todos los archivos que hice tenían otro propósito. Estaba simplemente manteniéndome ante su presencia, manteniéndome cerca de él. Cuando disciplinaba a la gente o les enseñaba o respondía a las preguntas de las personas, yo escuchaba y era entrenada, aunque exteriormente estaba en el cuarto sólo archivando.

Nunca por encima de la ley

Por instrucción de Madre, un año Annice dio una charla en Summit University acerca de las encarnaciones de Madre. Madre estaba escuchando en la sacristía mientras Annice describía la vida en Francia, donde encarnó como una lavandera y vivió una vida muy mediocre. Mark Prophet estaba encarnado como un sacerdote ambulante que administraba la extremaunción justo antes de que ella falleciera.

Mientras administraba la extremaunción, Madre le miró a los ojos, le reconoció como su llama gemela y se dio cuenta de que podría haber hecho mucho más en esa vida. Sus palabras al morir fueron, «*Une autre opportunité!*»: otra oportunidad, otra posibilidad para encarnar y cumplir su misión.

Madre había dicho que esta fue una vida de poca consecuencia, donde realizó muy poco, una vida desperdiciada. Annice describió qué pasó cuando dio esta explicación a los estudiantes:

Dije que esta no fue una de las vidas más importantes de Madre. Había sido una lavandera que pasó la mayor parte de su vida lavando y hablando con sus vecinas sobre la cerca de atrás, sin ir nunca más allá de unas ocho cuadras de su casa.

Poco tiempo después, Madre fue al estrado, mandó a todos a un descanso y pidió verme a mí y a los ayudantes del

Lecciones de discipulado

profesorado en la sacristía. Me dijo: «Te haré saber que fue una vida muy importante. Crié a ocho niños en esa vida. Ahora regresas y les dices que fue una vida importante. ¡Crié a ocho niños!».

Nunca estuve por encima de la ley. Todas mis disciplinas eran públicas. Quizás Madre lo dijo por aquellos en la audiencia que estaban criando niños. Entendí la importancia de traer niños al mundo.

Madre misma describió esta vida como una vida desperdiciada, pero regañó a Annice por decir lo mismo, y me he preguntado por qué.

Quizás fue el énfasis que Annice puso en la historia. Cuando Madre describió esta vida, sentía que había sido desperdiciada porque podría haber hecho bastante más que «hablar sobre la cerca de atrás». No sé cómo Annice contó la historia pero debió haber dado a entender de alguna manera que criar a ocho niños fue una pérdida de tiempo. Esto no era lo que Madre quiso decir, y podría haber sido un mensaje muy equivocado para algunos de los estudiantes en particular.

En un sentido más amplio, las enseñanzas de Madre a una audiencia en particular eran siempre específicas, para esas personas, pero también universales en alcance y aplicación. Las verdades eran eternas, pero ella podía presentarlas de maneras diferentes con énfasis distintos a grupos de gente diferente en momentos diferentes. En una ocasión un estudiante de Summit University pidió una explicación sobre la caída del hombre. Madre explicó que le habían preguntado esto muchas veces y cada vez el maestro había dado una explicación diferente, específica para la persona que hizo la pregunta. Un crítico podría ver estas explicaciones diferentes como contradictorias. Alguien con una visión elevada podría verlas como facetas diferentes de una verdad más amplia.

Es importante recordar que no podemos ser rutinarios al compartir las enseñanzas con los demás. Necesitamos la sensibilidad del Espíritu Santo, no solamente para entregar una enseñanza correcta sino para entregar la enseñanza específica que una persona o una audiencia en particular necesita. Madre habla de esto como el don del Espíritu Santo de hablar en lenguas. Cuando tenemos este don, aquellos que nos escuchan hablar escucharán la enseñanza en un lenguaje que pueden entender y asimilar.

Renunciando al chocolate

Una vez en Minneapolis, Morya dio una instrucción al personal sobre el hecho que no quería que comieran chocolate. Era un mensaje privado, solamente para el personal. Yo no estaba presente, pero cuando regresaron a casa, me dijeron: «No podemos comer chocolate». Dije: «Tonterías. Hasta que lo escuche yo misma, lo seguiré comiendo».

Bueno, al día siguiente el mensaje fue repetido y fui obediente. Fue difícil porque me encantaba tomar chocolate caliente. No me gustaba el café pero me gustaba el chocolate caliente de veras. Desde ese día, sin embargo, nunca he comido chocolate a sabiendas. La obediencia que tengo o bien la he desarrollado o bien me la han inculcado a golpes.

En 2001 vi un documental acerca de los monasterios católicos en Brasil y cómo, hace siglos, desarrollaron un gusto por el cacao. Los monjes mezclaban el cacao con hierbas y lo bebían. A las monjas no les gustaba el sabor hasta que una monja emprendedora lo mezcló con vainilla, y entonces les encantó. Lo bebían bastante, prácticamente se intoxicaron y no hicieron ningún trabajo. Se convirtió casi en una droga para ellos. El abad local escribió a Roma y dijo que las monjas eran incorregibles. Esto produjo un edicto del Vaticano de que no se bebería más cacao en los monasterios y conventos de monjas en Brasil.

La mística práctica

Cuando vi el documental estaba bastante segura de haber estado involucrada de alguna forma en eso. Podía imaginar que Morya había estado en algún lugar de la jerarquía de la iglesia y yo había sido una monja desobediente. Y aquí, siglos más tarde, Morya me decía, por segunda vez, que no comiera chocolate.

Investigando este libro averigüé que el cardenal Mazarino fue responsable de popularizar el chocolate en Francia por primera vez. Así que es posible que Annice tuviera más de una conexión kármica con el chocolate en su pasado.

¿Por qué pidió Morya a su personal que no comiera chocolate? No tenemos su explicación completa. Sin embargo, se sabe que el chocolate afecta a las funciones del cerebro, elevando el estado de ánimo. En años recientes también se ha descubierto que el chocolate contiene una concentración relativamente alta de plomo, con el potencial de causar un ligero envenenamiento, especialmente en los niños.

Morya le dijo a Madre que cuando metes chocolate en tu cuerpo, dependiendo del nivel de pureza de tu cuerpo y la cantidad de trabajo espiritual que hagas, hacen falta entre siete y catorce días para deshacerte del impacto de esta sustancia en tu cuerpo. Si tu dieta es más pesada y haces menos trabajo espiritual, puede hacer falta más tiempo.

Para Annice, sin embargo, lo más importante fue la palabra del maestro. Fue un sacrificio para ella renunciar a algo que disfrutaba, pero era un pequeño sacrificio comparado con las bendiciones que recibió en el sendero.

Trabajando en la tienda de caramelos

De regreso de un desayuno tardío, mandé por correo un paquete de Annice, un abrigo que había pedido por correo. Desafortunadamente el abrigo no le quedaba bien, así que lo devolvió. Pero incluso el envío menos caro costaba 7,15 dólares. Se quejó del precio, y dijo:

Recuerdo cuando las postales costaban un centavo. En aquel entonces trabajaba en Woolworth por 33 centavos la hora. Hacía cuarenta y ocho horas por semana, llegando a la gran suma de 16 dólares y esto compraba un montón de cosas en aquellos días. Esto fue en la época cuando una comida costaba muy poquito, un boleto de cine era un cuarto de dólar y por 15 dólares al mes podías pagar la hipoteca de tu casa o alquilar una bonita casa de dos dormitorios.

Trabajaba con artículos de oficina. Un día la muchacha de la sección de caramelos de al lado se enfermó, así que el gerente me pidió que me pasara a esa sección, lo cual hice. Me gustó mucho. Un día me preguntó lo que pensaba del caramelo que había esa semana. Dije: «Cuando tenga los fondos para comprar un poco, lo probaré».

Él dijo: «Quieres decir que no lo has probado?».

Dije: «No».

«Escúchame, jovencita. Espero que pruebes el caramelo para que motives a los clientes a comprarlo».

Sin casi creerlo, dije: «¿Quiere decir que debería comer el caramelo?».

«Por supuesto. Espero que lo hagas. Se te exige que te comas el caramelo para que lo puedas recomendar».

Bueno, eso me gustó mucho y en los tres meses antes de mi boda pasé de pesar 104 a 116 libras [47 a 53 kg].

Annice se crió durante la Depresión y como muchas personas de esa época, realmente aprecia el valor del dinero. Siempre ha sido muy cuidadosa con el uso inteligente del dinero, ya sean sus propios fondos personales o los de la organización.

Ha enseñado cursos sobre abundancia y ha escrito un libro llamado *Secretos de prosperidad*. Sabe que uno de los principios de la abundancia es que Dios nos dará más abundancia si utilizamos sabiamente lo que ya tenemos.

Hay una gran diferencia entre ser frugal y tener la «conciencia de pobreza». Annice tiene la conciencia de la abundancia de Dios y confía en que Dios cuidará de sus necesidades, y ella es buena administradora de los recursos de Dios. También es generosa y no tiene miedo de gastar el dinero por una buena causa, pero no es extravagante ni despilfarradora.

Un ejemplo de esto es su ropa. Una vez comentó que sus ropas y pertenencias nunca parecían gastarse, pero nunca mantenía las cosas por mucho tiempo. Podía guardar algún artículo particularmente bonito unos pocos años más, pero en general rotaba su guardarropa y donaba la ropa vieja al centro de personas mayores de Livingston.

Annice entiende que hay una ciencia espiritual que tiene que ver con las ropas y cómo afectan nuestra aura. Representamos a los maestros ascendidos en el mundo y nuestras ropas pueden ser portadoras de luz espiritual. Incluso la materia y las moléculas de la ropa vieja pueden llegar a cansarse y dejar de ser un vehículo de la luz. Las ropas viejas tienen una vibración antigua y los registros de nuestra conciencia de cuando las usamos en años anteriores. Podemos haber cambiado nuestra vibración a lo largo de los años pero si mantenemos la misma ropa vieja, podemos estar limitando la expresión de nuestro nuevo yo.

Morya dice en los *Decretos de Corazón, Cabeza y Mano:* «YO SOY el que cambia todas mis vestiduras, las viejas por el resplandeciente nuevo día...». Tenemos que hacer esto físicamente así como espiritualmente, y renovar nuestro guardarropa de vez en cuando.

Annice trató de motivar a una amiga para que también cambiara su guardarropa, pero esta amiga insistió en usar los mismos vestidos año tras año porque estaban «bien todavía». Guardaba sus vestidos de noche hasta que estaban desgastados y casi deshilachados, no porque no pudiera darse el lujo de comprar algo nuevo sino debido a una latente carencia de autoestima. Largas vidas de votos de pobreza en conventos de monjas se hicieron sentir en la apreciación hacia sí misma que tenía esta amiga, y Annice nunca pudo convencerla de cambiar sus maneras.

Todas mis amigas ascendieron

Un día, a finales de 2002, Annice recordaba a todas las señoras con las que había trabajado en el personal en Santa Bárbara. Su amiga y antiguo miembro del personal Anita Buchanan acababa de morir y Annice sentía la pérdida. Annice había trabajado con Helen MacDonald, Patricia Johnson, Ruth Hawkins, Helen Ries y Marguerite Baker, todas ellas habían ascendido. Edith Emmert murió en 1988, y en 1990 Lanello dijo que estaba trabajando duro a niveles internos para cualificar como candidata para la ascensión.

Evelyn Dykman también había muerto recientemente y Annice sentía con seguridad que o bien ascendió o bien llegaría a hacerlo, aunque no supiéramos con seguridad por qué la mensajera ya no confirmaba estas cosas exteriormente. Y ahora Anita se había ido, después de una larga enfermedad y un tiempo en una residencia de ancianos. Annice creía que Anita ascendería. Aunque tuviera aún karma, sería capaz de saldarlo desde los niveles internos.

En sus últimas semanas de vida, Anita había dicho: «¡Saint Germain, sácame de aquí!». Y él lo hizo. Debe haber sido una existencia difícil para ella y por fin estaba libre de la atadura de la tierra y su cuerpo. Anita había encarnado como la reina Isabel la católica, la monarca española que apoyó a Cristóbal Colón (una encarnación del maestro Saint Germain).

Lecciones de discipulado

No había conocido a estas mujeres, aunque había conocido a Helen Ries y Patricia Johnson. Quería saber más acerca de ellas. Annice me contó cosas de ellas durante el almuerzo:

Todas mis amigas de Santa Bárbara han ascendido, excepto yo. Y sólo tengo que seguir escribiendo libros y más libros y más libros.

Mark me había dicho que cuidara o atendiera a algunas de ellas y así lo hice. Visité a Anita en la casa de convalecencia cuando pude, lo cual no fue a menudo. Estuve pendiente en ella.

Es extraño cómo la echo de menos. Incluso viéndola muy poco en años recientes y aunque ella podía recordar muy poco cuando le hablaba, extraño su presencia. Debemos habernos conocido tiempo atrás. Es una vieja unión. Anita fue la última del grupo de Santa Bárbara en morir.

Mark también me pidió que cuidara a Helen MacDonald. Helen había estado en el personal en Santa Bárbara. Era una doctora en zoología retirada y estaba muy interesada en la salud. Había comenzado la primera cooperativa en Berkeley (California) hacía años. Había utilizado toda su fortuna viajando y dando charlas acerca de los peligros para la salud del fluoruro en los abastecimientos de agua, y Mark dijo que mantuvo casi ella sola había mantenido a las ciudades más grandes de los Estados Unidos libres de fluoruro en el agua. Se agregó fluoruro al agua sólo después que Helen desencarnó.

Helen vivió conmigo y Lester por varios años en la Casa Madre en Santa Bárbara. Nos mudamos cuando nuestros cuartos se necesitaron para dar más espacio a las oficinas. Los tres nos mudamos a una casa en una colina empinada.

Un día, Helen venía a casa con una bandeja de comida

para su cena. Salió de su auto y olvidó colocar el freno de mano. Trató de asegurar el freno de mano cuando el auto comenzó a rodar cuesta abajo y de alguna forma fue arrastrada debajo del auto y éste le pasó por encima de la pierna. Tenía una enorme ampolla de sangre. Lester y yo la llevamos a la casa y llamamos al médico.

La llevamos a un hospital privado en Los Angeles. Los médicos decían que había que ampliarle la pierna, pero Helen no aceptaba nada de eso. La trató con un ungüento de vitamina E y se sanó completamente. Más tarde fue a vivir conmigo al Centro de Enseñanza de San Francisco. Durante aquel tiempo continuó con su trabajo con la Sociedad del Cáncer de Los Angeles, donde su hija era presidente.

En un momento todos pensamos que a Helen le había dado un ataque al corazón y la llevaron a un hospital en San Francisco. Le dijeron que tenía una enfermedad de corazón grave. Después Helen marchó a vivir con su hija. Entonces sentí que estaba fuera de mi alcance. Más adelante Helen fue a Georgia para la terapia de quelantes, pero tristemente, murió durante la terapia, la cual era muy nueva en esos días.

Llamé para hablar sobre los arreglos funerarios, sabiendo que Helen no quería ser embalsamada ni enterrada y que no hubiera querido una autopsia a no ser que fuera esencial o que la causa de la muerte fuera dudosa. Todo esto estaba declarado en su testamento. Cuando hablé con el director de la funeraria, contestó en su acento sureño, y dijo: «Ella luce hermosa».

Alarmada, dije en voz baja: «¿A qué se refiere?».

Estaba horrorizada de saber que Helen había sido embalsamada.

Proclamé: «¡Pero el testamento de Helen declaraba que

no sería embalsamada!».

Imperturbable, el director de la funeraria pasó a decirme: «Está guapa. Teníamos que ponerla guapa. Y además, la autopsia no mostró ningún signo de cáncer».

Estaba consternada. Tomé el control y dije: «¡Bueno, tiene que ser cremada!».

El director de la funeraria dijo enfáticamente con su abierto acento sureño: «Madame, no quemamos a nuestras personas aquí».

Y yo, tan enfáticamente, dije: «¡Bueno, a ella la van a cremar!». Se alborotaron y echaron humos por tres o cuatro días, pero finalmente Helen fue cremada.

Me tomo muy seriamente las instrucciones de los maestros y en medio de todo esto estaba bastante angustiada. Fui donde Madre y dije: «Probablemente arruiné su ascensión y también la mía porque la embalsaron».

Madre me calmó y dijo: «Hablaré con Saint Germain de esto».

Y ahí fue cuando recibimos la enseñanza: «La llama del Espíritu Santo puede cambiar el tiempo y espacio y aún puede ascender».

Me alegró mucho de escuchar esta enseñanza, porque pensé que había estropeado las cosas para mi amiga. Si bien no tenía ningún control sobre los eventos en la vida de Helen, todavía tenía un sentido de responsabilidad y me tomé seriamente el encargo que Mark me dio.

Madre me pidió que dirigiera el servicio memorial para Helen, cosa que hice. Fue un servicio maravilloso y alegre lleno de canciones a la ascensión y decretos. Madre había visto a Helen después de su muerte; estaba radiante y les había dicho a todos que había ascendido. ¡Qué alegría! Otro estudiante graduado de los maestros y los mensajeros.

Al día siguiente día Madre se me acercó y dijo: «Helen no ha ascendido. La vi en su cuerpo de luz y pensé que había ascendido, pero aún no ha ascendido. Estoy segura de que lo hará en su momento, pero aún no lo está. Tendremos que mantenerlo simplemente como un secreto entre nosotras».

Así lo hicimos. Cinco años más tarde, cuando George Lancaster ascendió, Madre confirmó que Helen también había ascendido. Si eso significaba que Helen había esperado cinco años a niveles internos para completar los requerimientos para la ascensión, no lo sé. Pero finalmente estaba confirmado que todo estaba bien y Helen había ascendido.

Persis, la hermana de Helen, había ascendido en años anteriores.

Helen fue quien me hizo adaptar la costumbre de las siestas. Me preguntaba si esto era el secreto de su longevidad. Le encantaba trabajar y siempre necesitaba algo que hacer como servicio a los maestros. En la medida en que tuviera eso, sentía que podía seguir para siempre. Y todos esperamos que así lo hiciera.

En *Los maestros y el sendero espiritual* los mensajeros han explicado los beneficios al alma en curso cuando la forma física es cremada después de la transición:

> El problema de eliminar el cuerpo físico llega en el momento de la transición o muerte. No todos son capaces de ascender físicamente como lo hizo Elías, ya que la elevación misma del cuerpo físico a la atmósfera ocurre solamente cuando el individuo ha adquirido un cierto grado de auto maestría antes de que la transición se produzca...

Lecciones de discipulado

Aquellos que no elevan sus cuerpos físicos en el momento de su muerte pueden ascender a niveles internos, elevando los cuerpos etérico, mental y emocional junto con su conciencia del alma. Esto puede suceder inmediatamente o dentro de veinticuatro a setenta y dos horas después, o incluso después de varios meses o décadas como la Ley pueda requerir.

Tano si el alma asciende dejando atrás el cuerpo físico como si se prepara a niveles internos para la reencarnación, el cuerpo físico debe pasar por el proceso natural de disolución. Por lo tanto, a fin de facilitar la transición del alma a octavas más elevadas, ya sea para completar los requisitos para la ascensión como para entrar en la preparación del templo para la vida siguiente, Serapis Bey ha recomendado que el cuerpo físico sea colocado en hielo por un período de tres días después de la muerte y que luego sea cremado...

A través de este antiguo ritual, la luz en el corazón de los átomos físicos es emitida por el elemento fuego y la energía que fue utilizada para sostener la forma es inmediatamente devuelta al corazón de la Presencia Divina... La cremación elimina la posibilidad de que la forma ejerza dominio sobre el alma a través de lo que se llama el residuo magnético; ya que los registros de los pensamientos y sentimientos del individuo dejan un residuo de sustancia que crea un campo de fuerza magnético en el cuerpo incluso después del entierro, lo cual tiende a mantener al alma atada a la tierra...

[Si la cremación es imposible por razones legales u otras razones,] debería recordarse que el poder del

Espíritu Santo, cuando es invocado a través de la llama violeta, es capaz de transmutar cuerpo, mente y alma, incluyendo la causa, efecto, registro y memoria de todo lo que queda de lo humano, donde sea que pueda aparecer en la corteza terrestre. Verdaderamente la gracia universal de Dios es suficiente para la salvación del hombre.[24]

CAPÍTULO 4

Annice, como la he conocido

Algunas veces las personas me preguntan: «¿Cómo es Annice realmente?».

Aquellos que la conocen seguramente dirán que Annice es uno de los arquetipos, única en muchas formas. Ha sido estudiante y discípula de los maestros ascendidos durante muchas décadas. Tiene un vasto bagaje de experiencias y de conocimiento de sus enseñanzas a explotar. Pero todo esto es presentado en un paquete externo aparentemente normal con todas sus idiosincrasias humanas. Annice nunca encajó en la imagen tradicional del santo o de la persona santa, ni trató de serlo.

Cuando estamos en forma humana, todos nosotros —los santos incluidos— estamos sujetos a los altibajos de la condición humana. Esto era verdad para el Gurú, y era verdad para Annice. Como cualquiera de nosotros, Annice podía pasar por días cuando parecía cubierta por el brote de las impurezas desde dentro. Luego el sol brillaba, la luz de la Presencia o de un maestro podía estar con ella, el fuego sagrado consumía la oscuridad de la condición humana y podía parecer más santa de lo que en verdad era. Así que no podemos guiarnos por la condición externa en ambos casos, porque es la totalidad del ser —lo que ven y lo que no ven los ojos externos— lo que es sopesado en el día del juicio.

Así que para responder la pregunta que abrió este capítulo, todo lo que puedo hacer es regresar a mi experiencia de trabajar con ella durante muchos años.

Algunas personas la querían. La mayoría la admiraba y respetaba. Había también unos pocos que la odiaban.

Cuando se trabaja con ella, podía ser muy directa a veces, «rayo blanco», como diría ella. Raramente suavizaba las palabras. Si no tenía nada que decir, no decía nada. Si tenía algo que decir, a menudo simplemente lo decía, directamente, de frente, sin aclaración. No era extraño escucharla decir: «Querida, el que habla es tu ego». O a un estudiante tratando de deslizarse silenciosamente en la clase de Summit University después que una de sus charlas había comenzado: «Joven, llega tarde».

A veces, según normas mundanas o incluso según las normas de otros chelas, sus métodos podían ser percibidos como severos. Por otra parte, ella podía ser un modelo de tacto y diplomacia cuando era necesario.

¿Tenía fallas? Ciertamente las tenía. Tenía sus defectos como todos nosotros. Podía ser testaruda e inflexible, y lo sabía. Con frecuencia era un tipo de terquedad bueno, nacido de un conocimiento interno. Si decía «lo sé con todo el conocimiento en mí», entonces sabías que no iba a cambiar de parecer en ese tema.

Algunos compañeros de trabajo encontraban difícil llevarse bien con ella. Lo más importante era entender que el show era suyo. Si podías hacer las cosas a su manera, generalmente todo estaba bien.

Su discernimiento y sensibilidad podían ser perspicaces. A veces podía leer la vibración y evaluar una situación muy rápidamente y estar bastante segura de que estaba en lo correcto. Ella nunca comprometía los principios y podía ser como un sabueso si algo le concernía.

A pesar de su buena sensibilidad, sin embargo, no siempre estaba en lo correcto. Pero nunca se detenía en los errores, los de ella o la de otras personas. Si encontraba que estaba equivocada acerca de algo, lo admitía libremente, y a veces con diversión. Podía desligarse de cosas y situaciones con una velocidad sorprendente.

No tenía miedo de actuar. No tenía miedo de tomar una decisión. Era táctica y estratega. Casi siempre tenía un plan y trabajaba en su plan.

No había nadie mejor que Annice en una crisis. Era una presencia tranquilizadora con gran fe en Dios. Le podías traer una calamidad y aunque su preocupación era genuina, parecía una visión más amplia. Podía hacer unos pocos comentarios, como «qué lástima, querida», y hacer unas pocas preguntas pertinentes. Una lección aprendida, un ejemplo dado, una enseñanza compartida. Pero nunca se concentraba en la magnitud del problema. Sin perder un momento, simplemente seguía con el trabajo y esperaba que tú también lo hicieras.

Annice tenía una gran memoria. No olvidaba la amabilidad o un regalo. Similarmente, si los maestros o los mensajeros daban una instrucción, si la dirección interna era clara o la instigación del maestro estaba presente, o si era simplemente lo que había que hacer a su parecer, lo hacía. No necesitaba que se lo dijeran dos veces.

Su profunda fe era siempre evidente. Cuando alguien le

traía un problema, a menudo sugería: «Pregúntale a Morya». Los maestros eran una presencia muy real en su vida. Aunque no los veía (o si lo hizo, nunca lo reveló), hizo que los maestros, y más tarde sus mensajeros, cobraran vida para otros. Rezaba y decretaba. Hacía una hora de llama violeta religiosamente todos los días, en los últimos años de su vida, hasta que su ataque lo impidió.

Annice tenía una enfermedad llamada estenosis espinal que significaba que desarrollaba cansancio y dolor en su espalda y piernas si permanecía de pie por mucho tiempo. Así que estaba más a menudo sentada y no se paraba ni caminaba más de lo necesario. Esto tenía un efecto interesante: cuando las personas venían a visitarla o a trabajar con ella, era casi como si estuviera recibiendo una audiencia en la corte.

Ministros, abogados, doctores, gente sencilla, madres y padres venían a ella por consejo, y lo daba sin ceremonias. Te miraba directamente a los ojos, arreglaba su ropa y luego daba una respuesta directa.

Annice siempre ha sido muy capaz. Puede hacer las cosas. Pero a través de todo esto una cualidad como de niño permanece en su espíritu. Se deleita en cosas pequeñas. Si quieres ver que su rostro se ilumine, sólo di las palabras mágicas «pastel de fresas». Le encanta una buena cena de pavo. Le encantan las estaciones que cambian. Le encanta la Navidad. Le encantan las flores y los pájaros. Ha visto y ha hecho mucho y sin embargo disfruta de la nieve y los rayos del sol, el pasto verde y el paisaje a lo largo de la carretera. Cuando está en la naturaleza, su voz adquiere una cualidad de deleite en el creador y la creación.

Era una señora a quién le encantaba salir a almorzar. (Aún lo hace, pero ya no se mueve tanto como solía hacerlo.) Una salida con Annice era siempre un pequeño ritual. No olvides su bastón para caminar, y debes tener la manta para cubrir sus rodillas en el auto. Tú cargas su cartera, almohada o cualquier otra cosa que pueda necesitar para el viaje. Abres la puerta y esperas al costado del auto mientras ella entra, colocas su cartera a sus pies, cubres sus rodillas con la manta y la ayudas con su cinturón de seguridad. Entonces salíamos a la aventura del día.

A medida que salías hacia el Parque Yellowstone o a un compromiso de almuerzo, era casi como si los problemas del mundo, o por lo menos tu pequeña parte de ellos, estuvieran en suspenso y podías entrar en otra era. En aquellas salidas era fácil verla como una reina en una vida pasada. Inspiraba respeto. «Joven, llevamos aquí veinte minutos y aún no hemos sido atendidas».

Por muchos años vivió en lo que algunos considerarían ser circunstancias humildes, muy contenta con sus dos habitaciones pequeñas con un pedacito de jardín afuera, rodeada de una cerca de barrotes blancos. Estaba bastante contenta con pequeños placeres. Había un carillón de viento al lado de su puerta. Conejos y ardillas y venados venían a visitarla.

Uno de los gozos de Annice era su jardín. Le gustaba plantar flores y verlas crecer. Notaba cada pequeña flor, incluso las diminutas violetas moradas y amarillas que crecían al lado de la puerta o en la cerca. Se frustraba cuando el venado saltaba su cerca y se comía sus preciosas flores.

Daba paseos en auto los fines de semana al Parque Yellowstone con su amiga Marilyn Barrick, hasta que Marilyn falleció. Annice amaba la fauna, especialmente el búfalo. Al ver un bisonte por la carretera decía: «¿No es hermoso? Es mi amigo».

La mística práctica

Después de su ataque se mudó a una casa tranquila en North Glastonbury con vista a sus amadas montañas. Cuando no estaba trabajando en un libro, pasaba horas observando a los pájaros que venían a comer a la terraza.

Toda su vida, Annice era práctica y no desperdiciaba el dinero. Tenía pocas posesiones, según los estándares mundanos, y aun así apreciaba las cosas buenas de la vida. Tenía un gusto excelente en muebles y decoraciones. Parecía no querer nada. Tenía ese don raro de satisfacción con su vida.

Qué diferente de su vida como María, reina de los escoceses, la del cardenal Mazarino. Su vida actual era una vida de servicio, y a ella le gustaba que fuera así. Sentía una felicidad tranquila: raramente estaba de mal humor, era bastante equilibrada y más que nada, tenía una perspectiva pacífica basada en una larga vida. A veces podía ser edificante tenerla cerca, casi como un tónico. Te llevaba de regreso a un tiempo en que la vida era buena y las decisiones eran claras.

Probablemente más que nada, Annice ama a los maestros y a los mensajeros. Ha dedicado su vida a su misión. Cada día tenía que hacer algo que expandiera la misión, de otro modo, según su manera de pensar, no tenía sentido estar encarnada. Aunque no ha visto a Madre en los últimos años, todavía es una chela del Gurú. No ver no significa no pensar. Su amor ha perdurado y nunca ha disminuido.

En algunos aspectos, Annice encontró la culminación de su propia misión a partir de los setenta años con Summit University Press, publicando las enseñanzas de los maestros. Hasta el momento del ataque, escribía con su escritura clara y fluida, con lápiz o con pluma en una libreta de notas amarilla. Y firmaba LD, por Lady Dorcas, el nombre que Saint Germain le había dado a través de Mark.

Se tomó muy seriamente la responsabilidad de trabajar con las publicaciones, pero también con la simplicidad y humildad que eran parte de su naturaleza. Decía ocasionalmente: «¿Quién soy yo para hacer esto? No terminé mis estudios universitarios». Cuando se sentaba a trabajar en un libro, le pedía al maestro que le mostrara lo que tenía que saber. La recuerdo sentándose para hacer sus últimas correcciones en *Caminando con el Maestro,* pidiendo a Jesús que le mostrara si había algo que no era de su agrado, algún problema o inconsistencia. Al buscar esta conexión con los maestros, a menudo podía llegar directamente a los problemas.

Quizás el logro más grande de esos últimos años fue terminar la serie *Escala la montaña más alta.* Annice pasó los primeros años de su entrenamiento y servicio en el personal trabajando en este proyecto, y el primer volumen, que contiene los primeros siete capítulos, fue publicado en 1972. Sus últimos años en el personal parecían completar el ciclo, publicándose el último volumen, capítulos 29 al 33, en 2008.

Para los que hemos visto su dedicación al sendero a lo largo de los años, nunca hubo duda de que Annice al fin lo lograría. Lo podías sentir en su aura. Y sin embargo, era siempre humilde y nunca lo dio por sentado. Sabía que la ascensión es un regalo y que es ofrecido por gracia.

Si Annice tiene una cualidad definida podría ser la de la resistencia: una fuerza de carácter y dedicación al sendero espiritual que raramente se ve. Es una cualidad que le ha beneficiado.

En algunos aspectos ha sido como una roca, sin moverse con las tormentas de la vida. Es como si siempre hubiera estado ahí, fiel, consistente, constante e incondicional. Los problemas pueden ir y venir, la gente llega y se va, pero bajo todo tipo de circunstancias tienes la impresión de que en el fondo, las cosas de este mundo nunca la movieron realmente. Quizás esta es una razón por la que fue de tanta confianza para los mensajeros.

Reverenda Annice Booth,
Lady Dorcas,
Compañera de trabajo del Consejo de Darjeeling,
Estudiante de El Morya y Serapis Bey:
Chela de los mensajeros Mark y Madre,

¡Tus amigos y colegas del Summit Lighthouse y la Iglesia Universal y Triunfante de todo el mundo te saludan!

Del Gurú al chela

En las siguientes páginas hay cuatro mensajes personales de Madre a Annice. Estas tarjetas dan otro vistazo a la relación Gurú y chela.

La primera es de una tarjeta escrita alrededor de 1979, después de un período difícil en la vida de Madre.

A mi amada madre y amiga

Queridísima Annice:
  ¿Qué he hecho para merecerte, mi queridísima amiga, especialmente en los dos últimos años? Que los ángeles te mantengan aquí hasta que todos los que van a ascender hayan cumplido su razón de ser.
  Que Dios te bendiga por siempre.
    Queridísima Amiga

La mística práctica

El segundo mensaje es de una tarjeta de cumpleaños para Annice cinco años después de su ataque al corazón. Este fue el septuagésimo tercer cumpleaños de Annice. Acompañó el regalo de una corona de flores en forma de corazón.

En el sobre:

Para la querida Annice
  ¡Flores de tu Corazón darán fruto al mundo!
                    Elizabeth

En la tarjeta:

28 mayo de 1993

Amada Annice:
  Dios te ha devuelto tu corazón bendito.
Que cada día pueda el celo del Señor multiplicar tu servicio. Por favor recibe este corazón como un foco de tu corazón y vida eternos y sabe que cada hoja y pétalo llevan el amor y los saludos de un Mensajero angelical especial.
  A saludos de cumpleaños de nuestro querido Mark y la jerarquía ascendida, añado el mío. Eres una Madre bendita para mí y para todos nuestros centros de enseñanza y grupos de estudios.
  Sólo cuán preciada eres está más allá de las palabras.
  Con todo mi amor y gratitud por siempre,
                    Madre

Del Gurú al chela

El tercer mensaje es de una tarjeta a Annice en su septuagésimo quinto cumpleaños.

28 mayo de 1995

Amada Annice:
El cielo registra tu magnánimo servicio durante años y vidas. Estamos agradecidos.

Todo mi amor,
Madre

El cuarto mensaje está escrito dentro de una copia del libro *Jesús, CEO,* de Laurie Beth Jones, el regalo que acompañó a esta tarjeta.

28 mayo de 1995

Amada Annice:
Que Dios bendiga y prospere tu causa: la entrega de la verdad a la humanidad.
Todo nuestro amor y gratitud y apoyo,

Madre
& El Morya

33 claves para la mística práctica

> *Pequeñas llaves abren las grandes puertas y el hombre debe estar listo para caminar por ellas y no detenerse titubeante en el umbral.*
>
> —EL MORYA

Treinta y tres claves sacadas de conversaciones con la Sra. Booth:

1. Necesitas un maestro.
2. El cambio es esencial. Si fueras perfecto, ya no estarías aquí.
3. Ten cuidado con los falsos maestros. Ciudado con los halagos.
4. Lo que comes es importante. Necesitas que tu cuerpo sea capaz de saldar tu karma.
5. Cuando el Gurú te pide que hagas algo, no digas que no.
6. Las experiencias espirituales pueden ocurrir. No tengas apego.
7. No trates de hacerlo todo tu mismo. Permite que Dios trabaje a través tuyo.
8. Confía en tu propia sensibilidad, pero está siempre dispuesto a escuchar a otros.

33 claves para la mística práctica

9. Has vivido antes. No tengas apego.
10. Cuando te encuentres con un problema, haz el llamado.
11. Sabe cuándo un proyecto está terminado.
12. Acepta bien la corrección.
13. Hiciste algunas cosas buenas en vidas pasadas. Hiciste algunas cosas malas también. No tengas apego a ninguna.
14. Estás donde necesitas estar. Movilidad es la señal del chela.
15. Pase lo que pase, guarda la armonía.
16. No confíes en nadie. Confía sólo en Dios.
17. No permitas que tu ego se interponga en el camino.
18. «No puedo» significa «No lo haré».
19. Suelta el mesmerismo familiar.
20. No personalices tu trabajo.
21. Estudia las enseñanzas de los maestros.
22. Observa lo que está sucediendo a tu alrededor.
23. Permanece en tu cuerpo. Hay trabajo que hacer.
24. No condenes a los demás.
25. Hay cosas para las que no tendrás tiempo si te tomas el sendero con seriedad.
26. «Aunque el mensajero es una hormiga, ¡préstale atención!».
27. Sé inteligente en tu trabajo espiritual.
28. Recárgate cuando lo necesites.
29. Está dispuesto a aceptar ayuda de otros.
30. Entrena a tu reemplazo.
31. Está dispuesto a entregar tus indulgencias.
32. Cuida de los demás.
33. Sé humilde ante Dios, positivo ante el mundo.

LECTURA ADICIONAL

En la relación Gurú-chela:

Paramahansa Yogananda, *Autobiografía de un Yogui*. Self-Realization Fellowship se volviera torpe

Will Garver, *Brother of the Third Degree* (Hermano del tercer grado). Borden

Elizabeth Clare Prophet, *Comunidad*. Editorial Aguilar, Altea, Taurus, Alfaguara S.A. de C.V.

Charles Leadbeater, *Los maestros y el sendero*. Editorial Sirio

Elizabeth Clare Prophet, *Walking with the Master* (Caminando con el Maestro). Summit University Press

Sobre los maestros ascendidos:

Mark L. Prophet y Elizabeth Clare Prophet, *Los Maestros y sus retiros*. Summit University Press Español

Mark L. Prophet y Elizabeth Clare Prophet, serie *Climb the Highest Mountain* (Escala la montaña más alta), nueve volúmenes. Summit University Press

Godfre Ray King, *Misterios develados*. Grupo Editorial Tomo

NOTAS

1. Saint Germain, 12 de diciembre de 1984, "The Harvest" (La Cosecha) *Perlas de Sabiduría*, vol. 27, núm. 61.
2. Djwal Kul, 12 de octubre de 1998, *Perlas de Sabiduría*, vol. 41, núm. 50.
3. Lanello, 1° de marzo de 1992, "How to Ascend" (Cómo ascender), *Perlas de Sabiduría*, vol. 35, núm. 10.
4. El Gran Director Divino, 5 de noviembre de 1966, *Perlas de Sabiduría*, 1969, págs. 263-65.
5. Meditaciones seráficas I, II y III fueron publicadas más tarde en el libro *Actas sobre la ascensión*, de Serapis Bey. Se le ha puesto música a las palabras en la canción 302A del libro de canciones *The Summit Lighthouse Book of Songs*.
6. Amitabha, 2 de enero de 1994, "Mantra Is Empowerment" (Mantra es otorgamiento de poder), *Perlas de Sabiduría*, vol. 37, núm. 8.
7. Mark L. Prophet y Elizabeth Clare Prophet, *The Path of the Higher Self* (El sendero del Yo Superior) (Gardiner, Mont.: Summit University Press, 2003), p. 443.
8. Marguerite Baker, *And Then the Angels Came to the First Grade Children* (Y luego los ángeles vinieron hacia los niños de primer curso) (Gardiner, Mont.: The Summit Lighthouse, 1975).
9. Lanello, "How to Ascend" (Cómo ascender).
10. Ídem.
11. Mateo 25:40.
12. El Morya, 3 de febrero de 1985, "Chela—Christed One—Guru" (Chela, ser Crístico, Gurú), *Perlas de Sabiduría*, vol. 28, núm. 11.
13. Apocalipsis 11:3.
14. Mateo 12:50.
15. Mateo 10:36.
16. Kuthumi, 27 de enero de 1985, "Remember the Ancient Encounter" (Recuerda el antiguo encuentro), *Perlas de Sabiduría*, vol. 28, núm. 9.
17. El Morya, *The Chela and the Path* (El discípulo y el sendero) (Gardiner, Mont.: Summit University Press, 1976), p. 70.
18. Lanello, "How to Ascend" (Cómo ascender).
19. Jofiel y Cristina, 1° de enero de 1981, "For Europe: A Dispensation and a Cycle" (Para Europa: una dispensación y un ciclo), *Perlas de Sabiduría*, vol. 24, núm. 12.
20. Mark L. Prophet y Elizabeth Clare Prophet, *Los Maestros y sus retiros*, s.v. "Ruth Hawkins".
21. Jofiel y Cristina, "For Europe: A Dispensation and a Cycle" (Para Europa: una dispensación y un ciclo).
22. El Morya, 23 de noviembre de 1975, "The Precipitation of the Diamond of the Will of God" (La precipitación del diamante de la voluntad de Dios) en Elizabeth Clare Prophet, *The Greater Way of Freedom* (El camino más grande de libertad) (Gardiner, Mont.: Summit University Press, 2009), p. 76.
23. *Los Maestros y sus retiros*, s.v. "The Master of Paris" (El Maestro de París).
24. Mark L. Prophet y Elizabeth Clare Prophet, *The Masters and the Spiritual Path* (Los maestros y el sendero espiritual) (Gardiner, Mont.: Summit University Press, 2001), págs. 123, 124, 126. Se puede encontrar más enseñanza sobre la cremación en *The Path to Immortality* (El sendero a la inmortalidad) (Gardiner, Mont.: Summit University Press, 2006), págs. 318-25.

www.ingramcontent.com/pod-product-compliance
Lightning Source LLC
Chambersburg PA
CBHW032103090426
42743CB00007B/219